설득언어

상대의 마음을 사로잡는
프레임 대화법

설득언어

설득 언어

상대의 마음을 사로잡는
프레임 대화법

박만규 지음

효과적인 설득,
사고의 틀을 다루는 기술에
달려 있다

사람들은 저마다 몰두하고 고민하는 분야가 다르지만 그 해결책을 찾고자 노력하는 점에서는 마찬가지다. 그럼 해결책은 어떻게 찾아낼까? 빅 데이터^{Big Data} 시대인 요즘에 다들 강조하는 '데이터' 아니면 정보 혹은 지식에서?

최근 데이터뿐만 아니라 정보나 지식도 넘쳐난다. 그러나 아무리 데이터를 모으고 인터넷을 검색하고 책을 읽고 강연을 들으면서 지식을 쌓고 공부해도 이런 것들은 우리가 정작 필요로 하는 해결책을 오롯이 제시해주진 못한다.

우리는 자료^{data} 가운데 실제 문제와 관련된 것들만 추려 정보^{information}를 얻는다. 또 그 정보를 잘 배열하고 정리해, 즉 체계화하여

지식^{knowledge}으로 만든다. 이렇게 쌓인 지식들 가운데 당장 유효한 것들을 선별하여 서로 조합함으로써 문제를 해결한다. 이러한 문제해결 능력을 우리는 흔히 지혜^{wisdom}라고 한다.

문제는 그 지혜를 얻기가 쉽지 않다는 것이다. 지식은 많이 축적될수록 힘이 커지는 반면, 지혜는 축적되지 않을뿐더러 그때그때 환경에 맞는 것을 찾아내야 하는 어려움이 있다. 지식에는 역사가 있어도 지혜에는 역사가 없는 이유이다.

요컨대 데이터와 정보, 지식 그 자체는 우리를 딜레마로부터 구해주지 않는다. 이들을 다루는 능력, 즉 문제해결 능력(지혜)이 우리를 딜레마로부터 벗어나게 하고 새로운 해결책을 찾도록 돕는다.

그렇다면 문제해결 능력은 어떻게 배양해야 할까? 한마디로 기존의 사고를 탈피해야 한다. 하지만, 어떻게? 현실에 존재하지 않는 것을 떠올리는 능력, 즉 상상력을 동원해야 한다.

기억은 과거의 경험을 끄집어내는 행위이지만 상상은 경험하지 않은 것을 사고하는 행위다. 그래서 상상이 기억보다 어렵다. 상상이라 해도 결코 온전히 새로운 무엇을 생각하는 것이 아니라 기존의 것들을 다시 새롭게 조합하는 행위다. 가난한 집안에서 태어난 농구선수 마이클 조던$^{Michael\ Jordan}$은 어린 시절 아버지로부터 받은 보잘 것 없는 옷을 무려 1,200달러에 팔았다. 당시 TV 시리즈 〈미녀 삼총사〉로 유명한 배우 패러 포싯$^{Farrah\ Fawcett}$의 사인이 그 옷에 새겨져 있었기 때문이다. 유명인의 사인이 들어간 옷은 값어치가 나간다는 지식과 경매에 붙이면 값을 높게 받을 수 있다는 정보 등을 결합하고 여기에 인기 배우의 사인을 옷에 넣는 새로운 상상을 현실화시킨 예이다.

상상이 어려운 또 다른 이유는 기존의 지식을 새로 조합하는 일에 익숙하지 않아서이기도 하지만, 더 중요한 것은 새로운 조합을 방해하는 요소들이 많다는 점이다. 이를테면 오래 전부터 무의식을 지배하는 고정 관념, 기억, 이데올로기, 해묵은 감정, 또 그것들이 환기시키는 심리적, 언어적 연상 등이다. 이로부터 벗어나야 새로운 상상이 가능하다.

만일 해결해야 하는 과제가 나와 생각이 다른 상대를 대화로 설득하는 것이라면, 여기에 방해 요소가 하나 더 개입된다. 그것이 바로 상대의 욕망이다. 상대도 똑같이 자신의 생각을 나에게 불어넣으려 하지 아니겠는가? 이 책에서는 이러한 방해 요인들을 인지언어학적 방법과 원리로 살펴봄으로써 상대를 보다 효과적으로 설득할 수 있는 방법을 찾아보고자 한다.

우리의 생각은 어떤 방식으로 이루어지는가? 과연 그 생각은 합리적일까? 또 얼마나 이성적이고 얼마나 감정적인가? 생각과 언어는 어떤 관계인가? 이런 질문에 답해보면서 상대방을 설득하거나 감동시키는 데 필요한 대화법과 사유법은 무엇인지, 혹은 그 반대로 본의 아니게 상대의 마음을 잃는 표현들은 무엇인지, 또 우리가 토론에서 흔히 범하는 오류는 무엇인지, 그리하여 논쟁에서 상대의 주장에 효과적으로 반론을 제기하고 설득하는 방법은 무엇인지 다양한 사례를 통해 살펴본다.

우리는 자유롭게 생각하고, 합리적으로 생각하는가? 인간은 이성적인 존재인가? 이 같은 물음에 대해 현대 인지과학의 혁명적 연구 성과는 우리의 상식을 철저하게 무너뜨린다. 이 책을 통해 무의식이 생각의 절대적인 비중을 차지하고 있으며, 이는 철저히 언어에 의해 좌우된다는 점을 알게 될 것이다. 그 이해의 열쇠는 생각하거나 말할 때 형성되는 직관적인 사고의 틀(프레임frame)과 이를 결정하는 언어에 있다. 나아가 상대의 프레임을 활성화하는 언어를 사용했을 때 상대를 설득할 수 있으며 그게 유일한 설득의 길이라는 점을 깨닫게 될 것이다.

요즈음 '프레임'이라는 용어를 많이 접한다. 레이코프George Lakoff의 인지언어학, 필모어Charles Fillmore의 전산언어학, 트버스키Amos Tversky와 카너먼Daniel Kahneman의 행동경제학, 고프먼Erving Goffman의 사회학, 치알디니Robert Cialdini와 최인철의 심리학 등 다양한 학문 분야에서 다양한 의미로 쓰이고 있다. 정치, 사회운동, 광고, 마케팅 등 분야에 따라서도 다르게 사용된다. 공통점을 찾자면 대상, 현상, 세상을 바라보는 사고와 해석의 틀이라는 것이다. 이와 달리 우리는 어떤 대상을 사고할 때 바라보는 관점에 따라 형성되는 무의식적 사고의 틀이라고 정의한다. 따라서 특정 분야에 국한되지 않을 뿐만 아니라 지속적으로 형성되는 것과 일시적으로 형성되는 것을 모두 포괄하고, 이슈와 같은 표층적인 것과 도덕적 가치처럼 심층적인 것을 구분하지 않고 포괄한다. 특히 시간적으로는 개인의 경험과 사회의 역사에 의해 관점이 형성되지만, 구조적인 생성기제는 언어에 의한 것이라는 점에서도 차이가 있다.

이 책은 다음과 같이 구성되어 있다.

제1부에서는 프레임이 무엇인지, 프레임을 형성하는 관점은 어떻게 도입되는지를 다양한 예를 통해 이론적으로 살펴본다. 이론적 배경 지식을 습득하는 것이 필요하다. 프레임이 도입되는 상황이 다양하므로 그에 대한 정확한 개념 설정이 되어 있어야 매번 펼쳐지는 다른 상황에 대응할 수 있다. 아울러 왜 언어가 사고를 지배하는지, 창의적 사고는 어떻게 가능한지도 알아본다.

제2부에서는 상대를 설득하기 위하여 프레임을 어떻게 사용해야 하는지를 알아보고, 제3부에서는 어려운 상황에서 상대를 설득하기 위한 관점의 전환을 어떻게 이루어낼 수 있는지 살펴본다.

우리는 하루하루를 정신없이 살아가고 있다. 주어지는 일만 하기에도 벅찰 만큼 생각할 여유가 없다. 하지만 프랑스의 비평가 폴 부르제Paul Bourget는 말한다. '생각하는 대로 살지 않으면 결국 사는 대로 생각하게 되리라Il faut vivre comme on pense, sans quoi l' on finira par penser comme on a vécu' 하고.

이제 우리의 삶을 바꾸어야 한다.

인생에는 소중한 것이 너무나 많지만 세상을 움직이는 바퀴들, 이른바 정치, 경제, 산업 분야에만 노력을 쏟고 그 바퀴들의 중심축을 이루는 언어에 대해선 소홀한 게 보통이다.

세상은 사람들이 사용하는 '언어'에 의한 관계망으로 복잡하게 얽혀 있다. 그럼에도 평생 사용하는 '말'에 대해선 아무런 공부도 하지 않을 뿐더러 그 필요성조차 느끼지 못하는 게 대부분이다. 이제라도 말을 제대로 알아야 한다. 물론 바쁘게 돌아가는 일상에서 이를 위해 시간을 내기가 결코 쉽지 않을 것이다. 또한 그 깨달음과 변화를 느끼기에는 많은 시련이 동반된다. 하지만 시련 뒤에는 꼭 성공이 따라온다. 겨울이 반드시 봄을 데려오듯.

이 책이 앞으로 독자 여러분들에게 '말'에 대한 깨달음을 주고, 동시에 그들의 고귀한 영혼에 자양분이 되길 감히 바란다.

책을 쓰느라 가족에게 다소 소홀했음에도 끝까지 응원을 아끼지 않은 아내와 아들 민우, 딸 민혜에게는 고마움을 표한다.

2019년 1월
박만규

CONTENTS

제2부 상대와 나의 생각 차이를
좁히는 설득법

제3부 나의 호감도를 높이는
　　　대화 기술

Le langage est une clef qui ouvre à peu près toutes les serrures.
언어는 거의 모든 자물쇠를 여는 열쇠이다.

장 뒤투르(Jean Dutourd)

제 1 부

프레임,
마음을 움직이는 열쇠

제1장

내 생각의
또 다른 지배자

당신의 말은 자유로운가?

*

항상 자유롭게 말하고 있는가.

생각하는 모든 것을 말로 표현하고 있는가.

머리에 떠오르는 대로 말하고 있는가.

우리는 보통 이런 질문에 선뜻 '그렇다'고 대답하기 어렵다. 대화 도중 누군가가 갑자기 들어오면 자신도 모르게 하던 이야기를 멈추게 된다. 그만큼 말하는 데 있어 자유롭다고 말할 수 없다. 말을 하면서도 상대의 눈치를 살핀다.

상사와 하는 말이 동료 직원들과 나누는 대화와 어찌 같겠는가. 며느리로서 시어머니에게 하는 말투가 아내로서 남편에게 하는 말투와 같을 수는 없다. 안방에선 시어머니 말이 맞고 부엌에서는 며느리 말이 맞다고도 하지 않는가.

그렇다, 우리는 결코 자유롭게 말하고 있지 않다.

머릿속에 떠오른 생각을 고스란히 다 말한다면, 그래서 상대방이 내 마음을 전부 알게 된다면, 어떻게 될까? 비극적 결과는 불을 보듯 뻔하다. 대화 자체가 불가능해질 것이다. 어쩌면 인류가 존속하지 못했을지도 모른다.

이처럼 우리는 다양한 제약을 받으며 수많은 자기 검열을 통과한 말만 입 밖으로 내고 있는 것이다.

말을 제약하는 요소에는 어떤 것이 있을까? 매우 다양한 요소들이 존재한다. 이를테면 사회적 관습, 예의범절 그리고 사회의 권력 구조와 가정에서의 권력 구조(예컨대 부모자식, 남편과 아내, 시부모와 며느리 사이)이다. 어디 이뿐이랴. 대화 상대와의 관계, 특히 사회적 지위라든가 직장 내에서의 상하관계, 나이, 공간, 시간, 물질적 여건, 현재의 상황 등 말하는 이가 처한 다양한 환경이 제약 요소로 작용한다. 말을 하고 싶어도 분위기를 깰까봐 하지 못하는 경우도 많다.

당신의 생각은 자유로운가?

*

이처럼 인간이 자유롭게 말하고 있지 못하다는 점에는 이견이 없을 것이다.

그렇다면 생각은 어떠한가. 내 생각은 자유로울까? 이 질문에는 많은 이들이 그렇다고 답할 것이다. 생각은 머릿속에서 이루어지기 때문에 위에서 지적한 것들처럼 생각을 가로막는 요소들의 방해를 받지 않을 테니 말이다. 생각은 외부로 유출되지 않을 뿐더러 더 많이 생각한다 할지라도 돈이 드는 일도 아니니까.

하지만 이런 일반적인 견해와 달리 생각 또한 자유로운 행위가 아니다. 생각하는 데에도 방해 요소들이 많이 작용하기 때문이다. 결코 자유롭게 생각하지 않는 것이다. 생각하기 전에 이미 머리를 지배하고 있는 많은 요소들에 의해 점령당해 있을 뿐만 아니라 자신도 모르게 생각을 제어하는 사고의 틀이 존재하기 때문이다.

그럼 생각을 제약하는 요소에는 어떤 것들이 있을까? 각자가 지니고 있는 종교와 개인적 신념, 그리고 이데올로기라고 불리는 집단적 신념, 미신, 징크스, 고정관념, 선입견, 편견, 특정 대상에 대해 형성된 이미지, 어릴 적 겪었던 충격적인 사건에 의해 형성된 트라우마 등이 그 선행요소들이다. 이들 모두 지금의 사고에 앞서 존재하며 사고 자체가 일정한 방식으로 이루어지게끔 구속한다. 여기에 유전적 요인과 성장배경 등에 의해 형성된 개인의 성격도 한몫을 한다. 내성적인 사람과 외향적인 사람은 사고의 패턴이 다르다. 소심한 사람과 다혈질인 사람 역시 마찬가지다.

이렇게 우리의 머릿속은 이미 많은 선입견들로 오염되어 있다. 대머리는 정력이 세다는 근거 없는 편견도 있고, 흑인과 아랍세계에 대한 고정관념, 남자와 여자에 대한 고정된 이미지들이 있고, 시합이나 시험 전에는 수염이나 머리를 깎지 않는다는 운동선수와 수험생들의 미신도 있다. 내가 어렸을 때는 다리를 떨면 복이 달아난다는 어머니의 말씀을 많이 들었던 기억이 있다.

이데올로기란 개인의 신념이 아니라 권력에 봉사하는 집단적 믿음을 말한다. 이데올로기적 담화는 보편적일 수 없다. 대개 한 집단은 다른 집단에 대립되는 특유한 감정과 고정관념을 가지기 때문이다. 프랑스 철학자 올리비에 르불Olivier Reboul에 의하면 이데올로기적 담화는 권력과 쉽게 결합하여 권력으로 바뀐다.

지성인이라 불리는 사람들 중에도 가끔 혹은 꽤 자주 지성인답지 않게 사고하고 말을 내뱉는 이들이 적지 않다. 평소에는 점잖다가도 특정 주제만 나오면 전혀 다른 사람처럼 행동하는 경우도 있다. 또 평소 생각하고 있던 것과 다른 태도를 취하기도 한다. 이는 그가 가진 특정 사고에 대한 징크스나 고정관념, 강한 편견 혹은 트라우마 같은 것들이 사고를 앞질러 나가며 논리적 추론을 막기 때문이다. 물론 여기에는 생각할 때의 신체적인 상태와 감정 그리고 대화의 분위기 등까지 가세한다. 이처럼 어떤 대상이나 일에 대해 취하는 사람의 태도에는 신념과 감정과 행동이 복합되어 있다.[1]

요컨대 종교, 신념, 이데올로기, 미신, 징크스, 고정관념, 선입견, 편견, 이미지, 트라우마, 성격 같은 사고의 선행요소들이 자신도 모르게 어떤 관점을 형성해놓고 우리의 생각을 그 관점에 따라 일정한 방향으로 유도한다. "그 사람 나빠!" 이렇게 말해놓고 더 이상의 어떤 사고도 진전시키지 않는 사람들이 있다. 어떤 문제가 생겨 다양한 가능성을 고려할 때 특정한 대상에 대해서는 '그건 안 되지' 하면서 아예 처음부터 선택지에서 제외하기도 한다.

이처럼 사고의 선행요소들이 특정한 관점perspective을 미리 설정해놓기 때문에 우리 머릿속에는 자신도 모르는 사이에 그 관점이 안내하는 사고의 틀이 만들어지게 된다. 이것이 이후 일어나는 사고를 일정한 방향으로 유도하고 또 제어하게 된다.

물이 절반가량 들어 있는 컵을 보고도 '물이 절반이나 남아 있다'고 하는 사람과 '물이 절반밖에 안 남아 있다'고 하는 사람이 있다는 상투적인 비유가 있는데, 동일한 상황에 대해 서로 다르게 판단하는 것은 각자가 가지고 있는 관점이 다르기 때문이다. 중요한 것은 이 같은 관점의 차이가 이후 각자에게 전개되는 생각을 완전히 다르게 만든다는 점이다. 즉 관점이 사고의 틀을 형성한다는 것이다.

어떤 대상에 대해 사고할 때 대상을 바라보는 관점에 따라 형성되는 무의식적 사고의 틀을 여기에서는 '프레임frame'이라 부르고자 한다. 프레임은 이중적 성격을 지니고 있다.

(1) 사고하기 위해서는 우선 관점이 선행되어야 한다는 점에서, 프레임은 어떤 대상이나 현상을 이해하고 사고하기 위한 가이드라인이라 할 수 있다. 예를 들어 회의 시간에 사회자가 신사업에 대해 자유롭게 의견을 개진하라고 할 때는 아무런 생각이 나지 않아 잠자코 있다가, 재정적 관점에서는 어떻게 생각하느냐고 물으면 갑자기 생각나서 발언하기 시작하는 것을 볼 수 있다. 또 한국 경제에 대해 어떻게 생각하느냐고 물으면 가만히 있다가, 일본 경제와 비교해서 말해보라고 하면 생각이 움직이기 시작하기도 한다.

(2) 한편 프레임은 그 안에 우리의 사고를 가두어넣고 특정한 방식으로 사고하도록 제어하기 때문에 다른 생각이나 상상을 하지 못하도록 차단하거나 방해하는 결과를 초래한다.

따라서 프레임은 우리에게 '병 주고 약 주는' 존재라 할 수 있다. 문제는 이런 프레임의 사고 제어 기능으로 인해 우리가 상대를 설득해야 할 때 또는 상대에게 적절한 답변을 주거나 반박해야 할 때에 필요한 창의적으로 사고하는 길이 막힌다는 것이다. 그렇다면 새로운 사고를 방해하는 프레임으로부터는 어떻게 벗어나야 할까? 또 프레임을 어떻게 활용해야 새로운 사고에 이를 수 있을까? 이제부터 그 방법을 찾아보도록 하자.

1. 생각을 불편하게 만드는 방해꾼이 있다

생각은 틀(프레임) 안에서

*

앞에서 프레임이란 뭔가를 사고할 때 그 문제를 바라보는 관점에 따라 형성되는 사고의 틀이라 정의했다. 하지만 이 말이 언뜻 이해가 가지 않을 수 있다. 과연 그 런 프레임이 정말 존재할까? 존재한다면 어떤 방식으로 존재할까? 이런 의문이 제기되기 때문이다. 몇 가지 실례를 통해 프레임의 존재를 확인해보자.

1) 왜 왼쪽이 앞일까?

초등학생에게 강아지를 그려보라고 하면 신기한 현상을 목도하게 된다. 하나같이 머리는 왼쪽에, 꼬리는 오른쪽에 오게 그린다는 것이다. 이런 현상은 다른 동물을 그릴 때도 마찬가지다.

●● 강아지 그림

인터넷을 검색해봐도 아래에서 보듯이 머리를 왼쪽에 두고 있는 사진이 주를 이룬다.

좌측 우위의 틀

*

동물을 그릴 때 머리는 왼쪽에, 꼬리는 오른쪽에 오게 그리는 이유는 명백히 '좌 = 앞, 우 = 뒤'라는 고정관념이 우리를 지배하고 있어서이다. 그렇다면 이런 고정관념은 어디로부터 왔을까? 초등학교 다닐 때 선생님한테 "동물 그림을 그릴 때는 반드시 머리를 왼쪽에 그리고 꼬리를 그려야 한단다"라고 배워서일까? 아니, 누구든 그런 것을 배운 적은 없다. 이는 학습을 통해 우리의 관념에 들어온 것이 아니다.

그럼 이유는 무엇일까? 지금까지의 연구 결과에 따르면 이는 글을 쓰는 방향에서 기원한 것으로 알려져 있다. 즉 우리가 글을 왼쪽에서 오른쪽으로 써나가기 때문에 왼쪽이 앞이라는 관념이 무의식적으로 생겼다는 분석이다.

만일 이 이론이 옳다면 아랍어권에서는 동물을 그릴 때 오른쪽에 머리가 오게 그려야 마땅하다. 아랍어권에서는 글을 오른쪽에서 왼쪽으로 쓰기 때문에 오른쪽이 앞이라는 관념이 있어야 하기 때문이다. 정말 그럴까?

아래의 그림들에서 보듯이 과연 그러함을 알 수 있다.

●● 낙타 그림

그러고 보니 또 하나의 궁금증이 생긴다. 그렇다면 왼쪽을 앞으로 보는 사고방식, 즉 '좌측 우위의 틀'은 동물 그림의 경우에만 해당할까? 아니다, 가령 가격표 인식 또한 그렇다.

60달러 대신 59.99달러

*

다음의 사진들을 한번 보자. 가격이 정수가 아닌 소수점까지 쓰는 숫자들로 이루어져 있다. 60달러 대신에 59.99달러, 2달러 대신에 1.99달러 같은 형식으로, 마트 같은 곳에서 흔히 볼 수 있는 숫자 표기 방식이다. 왜 이렇게 가격을 표시할까? 기껏해야 1센트에 불과한 차이임에도 불구하고 1달러의 차이처럼 느끼게 되기 때문이다. 즉 사람들은 가장 좌측에 있는 숫자를 기준으로 전체를 판단한다는 얘기다. 이런 인지적 오류 현상을 토머스Manoj Thomas와 모위츠Vicki Morwitz는 '좌측 숫자 효과Left-Digit Effect' 혹은 '닻 내림 효과Anchoring Effect'라고 하였다.

●● 숫자 표시 예1

●● 숫자 표시 예2

1.99와 3.00의 차이는 2.01일까 혹은 1.01일까? 물론 후자가 정답이지만 우리는 언뜻 전자로 착각한다. 우리의 인식이 가장 좌측의 숫자에 닻을 내리고 이를 기준점으로 판단하기 때문이다.

또 다른 예를 보자. 25달러짜리 물건을 20달러로 할인하는 경우와 24달러짜리 물건을 19달러로 할인하는 경우 중에 어느 쪽의 할인폭이 더 크게 느껴지는가. 사실 두 경우 모두 5달러의 할인으로 동일함에도 불구하고 사람들은 후자가 더 큰 할인인 것처럼 느끼게 되는데 이 역시 '좌측 숫자 효과'의 결과라 할 수 있다. 제일 좌측 숫자가 전자에서는 2로 변함이 없는 데 반해, 후자에서는 그것이 2에서 1로 바뀌었기 때문이다.

●● 숫자 표시 예3

왜 남자 앵커가 항상 왼쪽이지?

＊

이 같은 '좌측 우위'의 프레임은 화면 구성에서도 볼 수 있다. 국내 대부분의 TV뉴스 프로그램에서 남녀 앵커의 위치는 대체로 고정되어 있다. 아래 이미지에서 보듯이 KBS 메인 뉴스의 경우 남성 앵커가 (시청자 입장에서) 좌측에 앉아 있고 여성 앵커는 우측에 위치하고 있다. 지상파 3사가 모두 동일하다.

●● KBS 뉴스9 화면

종합편성 채널의 뉴스 프로그램에서도 예외가 아니다. 즉 TV화면을 볼 때도 시청자들은 왼쪽을 앞이라고 생각하기 때문에 남성 중심의 사회에서 남성 앵커를 우대하려는 의도가 반영된 것이다.

그러나 여성 앵커가 좌측에 위치하는 경우도 가끔 보게 된다. 이는

●● KBS 아침뉴스타임 화면

주로 주부들이 많이 보는 아침뉴스라는 점을 감안하여 여성 앵커를 우대한 조치가 아닌가 싶다.

그렇다면 아랍권 뉴스에서의 남녀 앵커의 위치는 어떨까? 위에서 본 것처럼 우리와 반대로 우측 우위의 틀이 작동할까?

그렇다. 다음 사례들을 보면 역시 예상대로 남성 앵커가 우측, 여성 앵커가 좌측에 서 있음을 볼 수 있다.

●● 알자지라(Al Jazeera) TV뉴스 화면

우리나라의 경우 TV 토론회 같은 프로그램을 보면, 여당 인사가 좌측, 야당 인사가 우측에 자리함을 볼 수 있고, 보수 측 인사가 좌측, 진보측 인사가 우측, 그리고 어떤 사안에 대한 찬반 토론일 경우에 찬성 발언자가 좌측, 반대 발언자가 우측에 앉는 경향이 관찰된다.

지금까지의 사실들을 살펴본 결과, 우리나라의 화면 구성에는 '좌측 우위'의 프레임이 적용되고 있음을 알 수 있었다. 물론 3인 이상이 자리할 경우는 중앙에 위치하는 사람이 가장 중심적인 인물(의장, 사회자)이 된다. 이때는 '중앙 우위'의 프레임이 적용되기 때문이다.

만일 단체사진을 촬영할 때 중앙에 설 수 없다면 카메라의 시점으로 제일 좌측에 서는 것이 존재감을 더 드러낸다는 점을 알아두면 좋겠다. 물론 앞 열이 뒤 열보다 우위를 점하므로 앞 열 제일 좌측이 가장 좋을 것이다.

2017년 5월 25일 벨기에 브뤼셀에서 열린 NATO(북대서양조약기구) 정상회의에서 도널드 트럼프 미국 대통령이 참가국 정상들과 단체사진을 찍을 때, 두스코 마르코비치 몬테네그로 총리를 뒤에서 무례하게 밀치고 앞줄로 나가 선 적이 있다. 이는 바로 앞줄 우위의 프레임 때문이다. 이처럼 좋은 자리를 차지하려는 갈등을 미연에 방지하기 위해 국제 회의에서는 지위(대통령/총리)와 재임기간 등 몇 가지 기준에 따라 자리를 정하기도 한다.

이상의 프레임은 숫자와 모든 종류의 화면 구성에 적용되는 것으로 보편적으로 혹은 동일 문화권 내에서 매우 단순하면서도 강력한 방식으로 사람들의 사고에 즉각적 영향을 끼치고 있다.

2) '높이'는 있지만 '낮이'는 없다!

위의 몇몇 사례를 통하여 우리는 프레임이 실제로 존재한다는 사실과 그것이 어떤 양상으로 존재하는지에 대해 기초적인 이해를 마련했다. 이제 언어 내에서 위치와 관련된 프레임을 살펴보자.

긍정의 가치가 우위

*

서로 대립하는 두 가지 개념을 병기할 때 하나는 앞에, 또 다른 하나는 뒤에 놓을 수밖에 없다.[2] 이 경우 모든 언어에서 긍정적 가치를 앞에, 부정적 가치를 뒤에 놓는 것이 보편적이다. 즉 '긍정적 가치 우위'의 프레임을 쓰는 것이다.

이를테면 길고 짧음을 함께 표현하는 '장단長短'이라는 말은 긍정적 가치를 나타내는 '장長'을 앞에, 부정적 가치를 나타내는 '단短'을 뒤에 놓아 만든 말이다. 높고 낮음을 나타내는 '고저高低'와 강하고 약함을 나타내는 '강약强弱'도 마찬가지다. '단장短長'이나 '저고低高', '약강弱强'이라는 말을 들어본 적이 있는가. 생각조차 못할 말들이다.

한편 대립된 두 대상을 포괄하는 상위 개념을 만들 때는 두 가지 방법을 취할 수 있다. 첫째는 새로운 어휘를 만드는 방법이다. 예를 들어 길고 짧은 정도를 포괄하는 상위 개념을 나타내기 위해 '척도'라는 새로운 어휘를 이용하는 것이다.

둘째는 두 가지 대상 가운데 하나를 택하여 대표시키는 방식, 즉 두 대상 중 한쪽이 다른 한쪽까지 포함하는 상위어로 쓰는 방식이다. 이를 '자동상위관계autosuperordination'라고 한다.[3]

예를 들어 길고 짧은 정도를 나타내기 위해 긴 쪽을 택하여 '길이'라고 하고, 높고 낮은 정도를 높은 쪽을 택하여 '높이'라고 하는 식이다.

이처럼 대개 긍정적 가치를 나타내는 개념어를 택하여 대표시킨다. '길다'와 '짧다' 가운데에서는 '길다'가 긍정적인 개념이고, '높다'와 '낮다' 중에서는 '높다'가 긍정적인 개념이어서 이들을 택하여 대표시키는 것이다. 부정적인 개념을 택하여 '짧이'와 '낮이'라고 하지 않는다.

다음에 몇 가지 예를 더 든다.

> 무겁다 – 가볍다(무게 – *가벼이), 두껍다 – 얇다(두께 – *얇이),
> 빠르다 – 늦다(빠르기 – *늦이), 강하다 – 약하다(강도 – *약도),
> 넓다 – 좁다(넓이, 너비 – *좁이), 크다 – 작다(크기 – *작기),
> 깊다 – 얕다(깊이 – *얕이)
>
> 〈*는 불가능한 결합을 표시함〉

영어에서도 long과 short를 포괄하는 개념어로 length를, high와

low를 포괄하는 개념어로 height를 쓴다.

> This one is ten meters long.(이것은 길이가 10미터다.)
> What is its length? (길이가 얼마죠?)

키가 얼마인지를 물어보는 가장 일반적인 표현은 '당신은 얼마나 큰 가요?'를 뜻하는 'How tall are you?'이다. 이때 '당신은 얼마나 작은가요?'라는 의미의 'How short are you?'를 쓰지 않는다. 나이를 물어볼 때 쓰는 표현 역시 'How old are you?' 즉 '당신은 얼마나 나이 들었나요?'라고 하지 '당신은 얼마나 어린가요?'를 뜻하는 'How young are you?'가 아니라는 것이다. old와 young 중에서는 old가 긍정적 가치를 지녔기 때문이다.

한편 여기서 반론이 제기될 수 있다. 긍정적인 가치는 old가 아니라 young에 있지 않을까, 하는 생각이 들 수 있기 때문이다. 최근 젊음을 늙음보다 더 중요시하는 사회분위기가 있는 것도 사실이다. 하지만 이는 최근 들어 나타난 변화이지 원래 old는 '늙은'보다 '나이가 든, 그래서 경험을 많이 한, 그래서 원숙한'이라는 것이 기본 개념이다. 반면 young은 '젊은'이라는 뜻도 있지만 기본적으로는 '나이가 어린, 경험이 부족한, 그래서 미숙한'이라는 뜻이다.

사실 오래 전부터 한국인들 사이에서도 '늙은'이 '젊은'에 비해 긍정적인 가치를 나타냈었다. '노소老少'에서 '노'가 '소'에 앞서는 것에서도 볼 수 있듯이 말이다. 그러다가 최근 우리의 사고가 바뀌어 청년을 긍정적으로, 노년을 부정적으로 보는 풍조가 생겨난 것이다.

근본적 가치가 우위

*

그렇다면 '음양(陰陽)'이란 표현은 어떤가. '음'보다는 '양'이 더 긍정적인 가치가 아닐까 생각하겠지만 사실 그렇지 않다. 음과 양은 상호의존적 개념이고 따라서 상대적이다. 어느 한쪽이 더 긍정적이고 다른 한쪽이 더 부정적이라고 말할 수 없다.

모든 것은 태어난 뒤 자라고 결실을 맺지만 결국 다시 '무(無)'로 되돌아간다. 우주만물의 생멸을 설명하는 원리가 '음양'의 원리인데, 그 가운데 모든 것이 탄생하는 원천, 어두운 심연을 '음'이라 하며 싹트고 성장하고 결실을 맺는 밝은 부분을 '양'이라고 한다. 발전하는 역동적인 세상을 '양'이라 하고 스스로 움직이지는 않으나 세상을 움직이게 하는 원천과 만물이 생성되는 근본, 그리고 결국 그곳으로 되돌아가는 회귀점을 '음'이라 지칭한다. 따라서 어찌 보면 '음'이 출발점이자 원천이고 회귀점이라서 더 근본적인 가치라 할 수 있으므로 '양'에 선행하는 '음양'이라는 단어가 생겨난 것이 아닌가. 내 추측으로는 그렇다.

그러고 보면 '지천(地天)'이라는 단어도 같은 원리로 설명할 수 있다. 만물이 탄생하는 원천이 땅(地)이고 하늘은 모든 것이 성장하는 지향점이기 때문에 '지'가 '천'에 선행하는 것이라고.

강자가 우위

*

대립되는 두 가지 개념 중 한쪽이 강자(권력관계에서 우위에 있다고 간주되는 존재)이고 다른 한쪽이 약자(권력관계에서 열위에 있다고 간주되는 존재)일 때는 대개 강자를 앞에, 약자를 뒤에 놓고 있다. 즉 '강자 우위 프레임'을 쓰는 것이다.

예컨대 '남'과 '여'를 함께 넣는 우리말의 많은 합성어들에서 강자인 '남男'이 앞에, 약자인 '여女'가 뒤에 놓인다. '남성'과 '여성'이 함께 들어간 합성어의 예를 보기로 할까?

남녀공학, 선남선녀, 신랑신부
소년소녀, 자녀, 부모(父母)
부부(夫婦), 장인장모, 오누이

심지어 '남녀평등'이란 표현에서조차 '남'이 '여'에 앞선다. 또한 '갑돌이와 갑순이'처럼 이름의 경우에도 그렇다. 이는 영어에서도 마찬가지다. 우리가 잘 아는 'Romeo and Juliet'처럼.

하지만 동물의 경우라면 이야기가 달라진다. '암수'나 '자웅雌雄'의 경우는 암컷이 수컷 앞에 온다. 인간에게 동물은 새끼를 낳을 수 있는 암컷이 더 유용한 대상으로, 즉 긍정적인 대상으로 인식되기 때문일 것이다.

혹시 남성과 여성이 함께 들어간 단어들 가운데 여성이 앞에 오는 경우는 없을까? 찾아보면 있기는 하다. '처녀총각'과 '시집장가'가 그러한데, 이는 아마도 처녀의 가치를 더 긍정적인 것으로 보기 때문이고, 결혼도 여성에게 더욱 중요한 가치라는 시각이 반영된 것이라고 할 수 있다. 이 두 가지는 모두 성차별 이데올로기가 반영된 예이다.

최근에는 남녀의 위치가 역전되는 사례가 나타나고 있다. '어미 아비'와 '아비 어미'가 별 차이가 없이 쓰이고, '아빠 엄마'보다는 '엄마 아빠'가 더 많이 쓰이고 있다. 영어에서도 'Ladies and gentlemen', 프랑스어에서도 'Mesdames et Messieurs', 독일어에서도 'meine Damen und Herren'이라는 표현, 즉 숙녀를 신사보다 앞에 놓는 표현이 정착된 지가 오래다. 그런데 우리나라에서는 아직도 '신사 숙녀 여러분'이 쓰이고 있어서 내 개인적으로는 몹시 안타깝다. 영어와 프랑스어에서도 사회적 운동을 통해 바꾸었듯이 우리도 '숙녀 신사 여러분'으로 빨리 바꾸기를 희망한다.

위에서 언급한 바와 마찬가지로 상위 개념을 만들 때는 두 가지 방법을 취할 수 있는데 남성과 여성을 포괄하는 경우에도 마찬가지다. 첫째는 새로운 어휘를 만드는 방법이다. 예를 들어 '남자'와 '여자'를 포괄하는 개념으로 '사람' 또는 '인간'이라는 새로운 어휘를 이용하는 것이다. '아들'과 '딸'을 아울러 '자식'이라 하는 것도 이런 방식이다.

둘째는 두 대상 가운데 하나를 택하여 대표시키는 방식, 즉 자동상위관계를 이용하는 방식이다. 예를 들어 man과 woman을 포괄하는 개념으로 강자인 man을 택하여 인간이라는 뜻으로도 쓰는 방식이다. 영어에서는 day(낮)과 night(밤)을 포괄하는 상위개념어로 day(하루, 날)를 쓰고 있는데 이 또한 마찬가지 예라 볼 수 있다.

한국어와 달리 영어, 프랑스어, 독일어, 스페인어 등의 유럽어에서는 이런 자동상위관계를 이용해 만든 상위어가 많이 쓰이고 있다. 이때 흔히 발생하는 것이 성차별 문제이다. 가령 영어에서 'man'이라는 단어에는 '남자'뿐만 아니라 '사람'이라는 의미도 있지 않은가. 마치 'woman'이 'man'보다 사람으로서 대표성이 약하기라도 한 것처럼 말이다.

동물의 경우도 대부분 수컷을 가리키는 단어가 암컷을 가리키는 단어를 대표한다. dog와 bitch, lion과 lioness, tiger와 tigress 등에서 그러하다. 암소인 cow가 수소인 bull(혹은 ox)을 물리치고 상위어로 쓰이는 경우가 있지만 이것은 예외다. 더구나 암캐를 가리키는 bitch는 욕으로 쓰인다.

이런 영어에서의 성차별을 시정하기 위해 정치적으로 올바른 용어들politically correct terms을 만들어 사용을 권장하고 있다.

다음에 몇 가지 예를 들어보자.

인간 : 'man', 'mankind' → human being

의장 : chairman → chairperson

여성체육인 : sportsman → sportswoman

1학년 여대생 : freshman → freshwoman

여성경관 : policeman → policewoman

여자 모양 눈사람 : snowman → snowwoman

주지하는 바와 같이, 미혼이냐 기혼이냐에 따라 구분해서 써오던 Miss와 Mrs.는 이제 하나로 통합되어 Ms.로 정착되었다.

우리나라가 우위

*

대립되는 두 가지 개념이 자국과 타국일 경우에는 자국을 우위에 놓는 프레임이 작동된다. 이것은 어느 나라나 마찬가지이다.

우리나라에서는 '남북관계'라고 하는 것이 당연하고 북한에서는 '북남관계'라고 하는 것이 당연하다. 우리나라에서는 '한미 FTA'라고 하지만 미국에서는 'US-Korea FTA'라고 한다. 바로 '자국우위 프레임'이다.

그런데 지리 분야에서는 유감스러운 일이 일어나고 있다. 우리가 쓰는 지구상의 지역명 중 상당수가 우리 중심이 아니라 서구 중심이라는 점이다. 지리적으로 서쪽에 위치한 지역들을 가리켜 '근동近東, Near East', '중동中東, Middle East', '극동極東, Extreme Orient' 등으로 부르고 있는데 사실 이들 모두 유럽을 기준으로 한 명칭들이다. 신세계^{New World}, 아메리칸 인디언^{American Indians}, 서인도제도 등도 마찬가지다.

결론 지향의 프레임

*

지금까지 살펴본 위치 프레임은 모두 좌측 우위의 프레임들이었다. 그런데 위치 프레임은 항상 좌측 우위일까?

반대 위치의 프레임도 있다. 다음을 보자.

a) 나는 행복했다. 그러나 가난했다.
b) 나는 가난했다. 그러나 행복했다.

a)와 b)는 동일한 단어들로 이루어진 문장으로 단지 배열만 반대로 되어 있다. 하지만 그 논조는 서로 반대임을 볼 수 있다. 즉 a)는 내가 가난했음을, b)는 행복했음을 강조하는 취지로 해석된다. 왜 그럴까? 가장 최근에 말한 것이 가장 중요한 정보를 가지기 때문이다.

앞에서 살펴본 단어 차원이 아니라 이렇게 문장이나 담화의 차원에서는 뒤에 말하는 것이 결론으로 간주된다. 따라서 서론-본론-결론, 기-승-전-결 같은 구조가 형성된다. 물론 긴 담화에서는 두괄식과 양괄식도 있지만 두세 문장으로 이루어진 짧은 담화에서는 기본적으로 미괄식 구성으로 이해된다. 즉 짧은 담화에서는 대체로 처음은 주제를 도입하고 끝은 결론을 맺는 부분으로 해석된다.

따라서 진정으로 중요한 것, 힘주어 강조하고 싶은 말은 뒤에 이야기해야 한다. 뒤에 말하는 내용이 결론으로 간주되기 때문이다.

이상에서 말한 프레임은 숫자와 화면 구성 그리고 단어 및 담화상의 위치에 관해 우리가 무의식적으로 지니고 접근하는 사고의 틀이다. 정형화되어 무의식적으로 사고에 곧바로 영향을 끼치므로 우리는 이런 틀로부터 쉽게 벗어나지 못한다. 따라서 배열에 변화를 주어 이를 적극적으로 활용하려는 노력이 필요하다.

2. 생각을 지배하려면 언어부터 지배하라

1) 생각을 방해하는 언어, 생각을 이끄는 언어

언어가 생각을 방해하다니!

*

프레임이 존재한다는 것을 알려주는 또 다른 증거를 살펴보도록 하자. 인터넷에 재미있는 퀴즈 하나가 올라와 있다.

> 당신은 거센 폭풍우가 몰아치는
> 밤길에 운전을 하고 있습니다.
> 마침, 버스정류장을 지나치는데
> 그곳에는 세 사람이 있습니다.
>
> 1. 다 죽어가는 할머니
> 2. 당신의 생명을 구해준 의사
> 3. 당신이 꿈에 그리던 이상형
>
> 당신은 단 한 명만을 차에 태울 수 있습니다.
> 어떤 사람을 태우겠습니까?

이 문제는 매우 어렵다. 당신이라면 어떻게 답하겠는가. 사실 답을 찾기가 거의 불가능하다고 해도 과언이 아니니 너무 걱정할 필요는 없다. 물론 여기에 정답은 있을 수 없지만, 이상적인 답은 할머니를 태우고 의사로 하여금 운전하게 하여 병원에서 치료를 받게 하고 나는 이상형과 데이트를 즐기는 것이다.

그런데 왜 우리는 이런 해결책을 쉽게 찾아내지 못하는 걸까? 그건 우리가 아둔해서가 아니라 그렇게 생각하지 못하도록 사고를 방해하는 것이 존재하기 때문이다. 훼방꾼은 바로 언어다. 질문을 잘 보라. '당신은 단 한 명을 차에 태울 수 있습니다. 어떤 사람을 태우겠습니까?' 여기서 '태운다'라는 언어 표현이 우리로 하여금 오직 태우는 행위만 생각하게 함으로써 내가 '내릴' 수 있다는 생각은 하지 못하도록 방해하고 있다. 게다가 '단 한 명만'이라는 표현까지 있어 내가 내리고 두 사람을 태울 수 있다는 가능성을 검토하지 못하도록 방해하고 있다.

언어가 문제를 바라보는 관점을 생성함으로써 그 관점이 사고의 틀, 즉 프레임을 형성해 새로운 생각을 방해하는 것이다.

단어 하나, 판세를 뒤집다

＊

프레임의 존재를 입증하는 또 다른 사례를 들어보자.

KBS1 TV에서 토요일 오전에 방송하는 〈시니어토크쇼 황금연못〉이라는 프로그램이 있다. 이 프로그램 안에 '황금나침반'이라는 코너가 있는데, 부모자식 간 혹은 부부간의 갈등 상황을 소개하고 이에 대해

●● KBS1 TV '시니어토크쇼 황금연못' 화면

60대 이상으로 구성된 패널이 토론을 벌인다. 토론을 하기 전에 갈등 상황에 놓인 부모자식이나 부부 중 한쪽이 제시하는 사연에 대해 찬반 투표를 한다.

예를 들면 다음과 같은 식의 사연들이다.

a) SNS에 빠져 있는 아내를 말리고 싶습니다.
b) 할인 쿠폰에 빠진 아내를 말리고 싶습니다.
c) 아들의 무모한 도전을 말리고 싶어요.
d) 사서 고생하는 언니를 이해해야 할까요?
e) 외국에서 가족과 함께 살고 싶습니다.
f) 남편의 자동차 사랑을 말리고 싶어요.

출근하지 않는 토요일에 방송되는 프로그램이라, 나는 늦은 아침을 아내와 함께하며 힐끗힐끗 쳐다보다 그 투표결과를 내가 재미 삼아 예측하곤 했는데, 지금까지 거의 다 맞추었다. 이를 지켜보던 아내가 신기해하며 비결이 뭐냐고 물었다. 내 대답은 간단하다. 비결은 없고 다만

한 가지 기준으로 판단했을 뿐이다. 그러니까, 각 사연을 설명하는 언어 표현에 나타난 관점이 긍정적인지 부정적인지만 보고 예측한 것이다.

예를 들어 a)와 b)의 경우 '빠져 있다'는 표현은 상황을 부정적으로 보는 관점을 담고 있다. 무엇에 빠진다는 말은 '무엇에 정신이 아주 쏠리어 헤어나지 못하다'라는 의미인데, 대개 도박이나 술, 공상과 같이 부정적인 대상에 쓰인다. '곤란한 처지에 놓이다'라는 뜻도 있는데 유혹이나 위험, 혼란, 오류에 빠진다고 쓰는 등 마찬가지로 대상이 항상 부정적이다.

또 '그럴듯한 말이나 꾐에 속아 넘어가다'라는 의미로도 쓰이는데 이 경우 역시 '유혹에 빠지다, 꾐에 빠지다, 함정에 빠지다'와 같이 부정적이다. 이는 '개울에 빠지다, 수렁에 빠지다, 웅덩이에 빠지다'와 같은 본래적 용법이 부정적이다 보니 이들과 같은 비유적 용법에서도 부정적인 의미로 사용된 것이다.

요컨대 '빠지다'라는 동사는 이미 대상을 부정적으로 보는 관점을 담고 있다. 따라서 SNS에 빠지거나 할인 쿠폰에 빠졌다고 표현하면 이미 그 말을 듣는 사람들은 무의식적으로 부정적인 사고의 틀을 갖고 접근하게 된다. 만일 이 표현을 SNS에 '심취한, 몰두하는, 열중하는' 등으로 바꾸면 사정은 달라진다.

c)의 '무모한 도전' 또한 '무모한'으로 인해 부정적인 사고의 틀을 갖게 한다. d)의 '사서 고생하는'이라는 표현도 마찬가지로 부정적 프레임

을 도입한다. '고생'도 부정적인데 거기에 '사서' 한다고 하니 더더욱 그러하다. 따라서 내용에 대해서는 각자 다른 의견을 지질 수 있지만 대체적으로 a)~c)의 투표에서는 '말리고 싶다'에 찬성을, d)의 '이해해야 할까요?'에서는 반대하는 경향이 더 커지게 된다.

반면에 e)의 경우는 '가족', '함께 살다' 등 긍정적인 관점의 어휘가 주류를 이루고 있으며 f)에서도 '사랑'이라는 긍정적 감정의 어휘가 있어서 무의식적으로 긍정적인 관점으로 임하게 한다. 이에 따라 '살고 싶다'는 e)에서는 찬성, '말리고 싶다'는 f)에서는 반대의 표가 더 많이 나오게 되는 것이다.

물론 예외는 있지만 대체로 일관된 결과가 나온다는 것은 분명한 경향성이 있음을 입증해준다.

부정의 덫

*

만일 누가 "당신 사기꾼이죠?"라고 물었다면 우리는 "네"와 "아니요" 중 어떤 대답을 할 것인가.

우선 "네"라고 대답할 수는 없다. 그러면 사기꾼임을 스스로 인정하는 꼴이니까.

그렇다고 "저는 사기꾼이 아닙니다"라고 답하면 어떻게 될까? 혹여 상대가 당신이 사기꾼이 아니라는 확신을 갖게 될까? 이것은 우스갯소

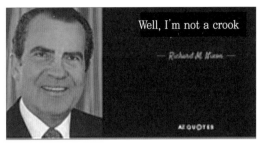

•• 리처드 닉슨

리로 "당신 술 취했지?"라고 질문했을 때 "네"라고 할 수도 "아니요"라고 할 수도 없는 딜레마와 비슷하다.

리처드 닉슨Richard Nixon 대통령은 워터게이트 사건이 터진 뒤 사임 압박을 받고 있을 무렵인 1973년 11월 17일 플로리다 주 올랜도의 기자회견에서 이렇게 말했다. "저는 사기꾼이 아닙니다Well, I'm not a crook."[4] 그런데 이런 답변으로 미국의 국민들은 오히려 그가 사기꾼일 것이라는 생각을 하게 되었음이 여론조사로 드러났다.

왜 그렇게 되었을까? 사기꾼이라는 사실을 부정하면 그보다 먼저 사기꾼이라는 사고의 틀, 즉 프레임이 먼저 형성되기 때문이다. 다시 말해 레이코프가 말했듯이, 우리가 그 프레임을 부정하려면negate 우선 그 프레임을 떠올려야 한다. 상대방의 프레임을 공격하는 순간 그들의 생각이 바로 공론의 중심이 되어버리기 때문이다.[5]

요컨대 상대의 주장을 반박할 때는 상대가 쳐놓은 프레임을 활성화하는 단어를 사용해서는 안 된다. 프레임이 형성된 순간부터는 그 안에서만 생각하게 되기 때문이다. 그 밖의 생각은 하지 못하게 된다.

1968년 미국 대통령 선거에서 민주당의 후보였던 휴버트 험프리 Hubert H. Humphrey Jr는 경쟁자인 공화당의 리처드 닉슨 후보의 실정을 비판하기 위한 영상 광고를 찍었다. 거기에서 그는 수차례에 걸쳐 이렇게 묻는다. "도대체 닉슨이 여러분에게 뭘 해주었나요?What has Richard Nixon ever done for you?"6)

하지만 이것은 정말 어리석은 전략이 아닐 수 없었다. 이런 말을 되풀이할 때마다 사람들은 그 자신이 아닌 리처드 닉슨을 자꾸 떠올리게 되었기 때문이다. 이로 인해 자신의 인지도를 올리고 자신을 생각하게 만들어야 하는 선거운동에서 오히려 경쟁 후보의 인지도만 올려주고 말았다.

그의 어이없는 선거 캐치프레이즈는 여기서 끝나지 않았다. 한 술 더 떠서 그는 이런 문구를 만들어냈다. "다른 대안은 없다There's No Alternative." 이는 다른 대안이라고 할 수 있는 닉슨을 또 다시 떠올리게 해주고 만다. 한때 닉슨을 앞서기도 했던 험프리는 결국 선거에서 패하고 말았다.

우리나라에서도 그런 경우가 있었다. 2012년 8월 1일 문재인 민주통합당 상임고문은 박근혜 새누리당 대선 후보가 복지론을 들고 나오자, "박근혜 후보의 복지는 가짜 복지"라고 공격했다. 이 공격은 잘못된 전략이었다. 왜냐하면 이러한 발언은 오히려 박근혜 후보의 복지론을 더욱 더 공고하게 해줄 뿐이었기 때문이다. 국민들은 문재인 고문의 발언으로부터 오히려 박근혜 후보가 복지 정책을 펼 것이라는 내용만 기억하고 문재인 고문의 말은 잘 기억하지 못하게 된 것이다.

2) 어째서 '말'이 '생각'을 좌우할까

지금까지 다양한 사례를 통해 살펴본 결과, 언어는 프레임을 형성하여 우리의 사고를 제어하는 사고의 지배자라고 할 수 있다.

다음은 왜 언어가 사고를 지배하는지에 대해 알아보자.

개념, 생각의 기본 단위

*

사고의 기본 단위는 '개념'이다. 그러니까 우리는 다수의 개념을 서로 결합해서 생각을 하고 있는 것이다. 이는 '1 + 1 = 2'라는 계산을 할 때에 '1'은 '하나'라는 개념, '+'는 '더하다'라는 개념, ' ='는 '같다'는 개념, '2'는 '둘'이라는 개념인데, 이들을 서로 결합하여 생각하는 것과 마찬가지다. 이때 '개념concept'이란 유사한 대상이나 사건들에 관한 심적 집단화를 말한다. 다시 말해 대상들로부터 공통된 일반적 속성들을 취하여 만든 관념이다.

예를 들어 어린아이가 '아빠'라는 개념을 형성할 때 처음에는 아빠뿐만 아니라 아빠의 친구나 경비아저씨에게도 아빠라고 부르는 단계를 거친다. 그러다가 나중에 실제 아빠만 아빠라고 부르게 된다. 이는 그들 사이의 공통점, 예컨대 나이가 좀 있는 남자 어른들 같은 속성들을 취해서 아빠라는 개념을 형성하는 과정을 보여준다. 간혹 다른 사람을 아빠라고 부르다가 영문도 모른 채 혼이 나기도 하는데, 아이 입장에서는 무척 억울한 노릇이다. 아직 개념화가 완전히 이루어지지 않은 것뿐인데 말이다.

'사과'도 마찬가지다. 처음에는 동그랗게 생기고 윗부분이 옴폭 들어가 있고 꼭지가 달려 있는 빨간색 물체이면서 맛이 시큼하기도 하고 달콤하기도 한 대상을 사과로 개념화하다가, 꼭지가 달려 있지 않은 것도 사과에 포함시키고, 꼭 빨간색이 아니어도, 즉 노란색이나 녹색이어도 좋다는 식으로 판단해가며 사과를 개념화한다. 이처럼 많은 대상들에 대해 자신이 경험한 여러 가지 내용 중 공통적인 속성을 취하여 하나의 개념을 형성하게 된다.

•• 참새

•• 기러기

'새'의 경우도 동일하다. 처음에는 날아다니는 짐승, 날개를 갖고 있고 날개에는 깃털이 있으며 부리가 있는 것 등으로 개념화하다가, 닭처럼 잘 날지 못하는 날짐승도 있음을 알게 되고 날개가 없는 키위 같은 종류도 있음을 알게 되어 이들까지 새의 개념에 포함시키게 된다. 그러다가 전혀 날 수 없고 달리거나 걸어 다니는 타조나 펭귄 같은 동물들은 새일까, 하는 의문을 품게 된다. 이로써 개념의 경계가 불확실한 경우도 있다는 것을 깨닫게 된다.

•• 키위

•• 박새

•• 타조

•• 펭귄

개념화의 차이

*

이처럼 우리는 세상의 수많은 대상들을 개념화하여 사고하고 있다. 추위, 더위, 먼지 따위를 막기 위해 혹은 예의를 차리기 위해 머리에 쓰는 물건을 우리는 '모자'라고 개념화하여 쓰고 있다.

영어에서는 여기에 더해 챙이 있느냐 없느냐에 따라 cap과 hat으로 구분한다. 우리가 보기에는 좀 이상하다. 굳이 그렇게까지 개념화할 필요가 있을까 하는 생각도 든다. 그런데 더 놀라운 것은 이 cap과 hat을 포괄하는 개념이 영어에는 없다는 사실이다. 우리의 '모자'에 해당하는 단어가 없다는 얘기다.

•• HAT vs CAP

이보다 흥미로운 것도 있다. '눈snow'에 대한 표현은 온대지방 사람들보다 북극 가까이에 사는 에스키모들에게서 더 다양하게 나타나는 것으로 알려져 있다.

에스키모어들에 눈을 나타내는 어휘가 실제 어느 정도 되느냐에 대해서는 주장이 다양하다. 이에 대해 최초로 프란츠 보아스Franz Boas가 언급한 이래 (언어에 따라) 9개부터 4백여 개에 이른다는 주장들이 나왔는데, 대부분이 포합어incorporating language의 특성을 무시하면서 부풀린 수치였기 때문에 로라 마틴Laura Martin과 제프리 풀럼Geoffrey K. Pullum 등에 의해 비판을 받았다. 포합어는 어근에 수많은 형태소를 붙여 새 단어를 생성하는 것이 가능하다. 이로 인해 단어가 몇 개인지를 분명하게 규정하기가 어려운 측면이 있지만 어근 수로만 볼 때 20여 개를 크게 넘지 않는 것으로 본다.

따라서 제프리 풀럼 같은 학자들은 눈에 관련된 어휘가 영어에도 이 정도 개수는 된다고 하면서[예: sleet(진눈개비), slush(진창이 된 눈), blizzard(눈보라), hail(싸락눈, 우박), avalanche(눈사태), hardpack(노면에 얼어붙은 눈 따위), fleury, dusting 등] 에스키모어들의 눈 관련 어휘 수가 많다는 주장에 동의할 수 없다고 했다. 하지만 이들이 제시한 영어 어휘에는 hardpack, fleury, dusting 등 눈에만 국한된 현상이 아닌 것은 물론 일상적으로 자주 쓰는 단어가 아닌 것까지 상당수 포함되어 있으므로 에스키모어의 경우와 단순 비교하는 것은 무리가 있다.

또한 우리말에도 '진눈개비', '싸락눈', '함박눈', '가루눈', '날린눈', '눈보라', '눈꽃', '눈송이' 등이 있지만 모두 어근 '눈'을 기반으로 한 것이기 때문에 이들을 근거로 우리말에도 에스키모어들 못지않게 눈 관련 어휘가 많다고 주장하기는 어렵다. 이런 어휘를 모두 포함시키면 에스키모어에는 그 수가 훨씬 더 많아지기 때문이다.

에스키모 (Eskimo)

에스키모는 극동 시베리아, 알래스카의 서부, 남서, 중남부 등지에 거주하는 유픽Yupik민족과, 알래스카 및 캐나다의 북극 인근 지역, 그린란드 등에 거주하는 이누이트Inuit 민족을 포괄하여 이르는 말이다.

'날고기를 먹는 사람'이라는 뜻으로 알려진 '에스키모'라는 말이 경멸적인 느낌을 준다 하여 캐나다 정부는 이를 '이누이트Inuit'로 대체했다. 이렇게 되고 보니 '이누이트'는 좁은 의미의 이누이트뿐 아니라 유픽까지 포괄하는 의미로도 쓰이게 되었다. 한편 미국 정부는 에스키모를 '알래스카 원주민Alaska Native'이라는 용어로 대체하는 조처를 취했다.

그러나 민간에서는 유픽과 이누이트 두 민족을 포괄하는 개념으로 '에스키모'가 여전히 쓰이고 있다. 학술 분야에서도 마찬가지다. 사실 '에스키모'가 날고기를 먹는 사람이라는 주장은 오해에서 비롯된 것이고 그보다는 '설피(雪皮, 눈에 빠지지 않도록 신바닥에 대는 덧신)'를 뜻한다는, 그래서 경멸적인 의미가 없다는 많은 언어학자들의 주장이 힘을 얻고 있다.

예를 들어 인류학자 프란츠 보아스에 따르면, 땅에 내려 쌓인 눈은 aput, 내리는 눈은 qana, 바람에 날리는 눈은 piqsirpoq, 쌓인 눈은 qimuqsuq라고 표현한다.[7] 에스키모인들은 이 모든 것을 포괄하는 개념을 거의 생각할 수도 없다고 한다. 그래서 에스키모어들에는 우리말의 '눈'에 해당하는 단어가 없다. 마치 영어에 hat과 cap을 포괄하는 단어가 없듯이. 우리로서는 참 놀랍고도 이해하기 힘든 일이다.

하지만 전혀 놀랄 일이 아니다. 우리 한국어에도 영어에서는 하나로 개념화된 rice가 그 상태에 따라 여러 단어로 구분되어 있지 않은가. 어릴 때는 '모', 성장하면 '벼', 도정을 마치면 '쌀', 물을 넣어 끓이면 '밥', 물을 많이 넣고 오래 끓여 물러지면 '죽'이 된다.

●● 볏모

●● 벼

●● 쌀

왜 이렇게 하나의 사물에 대해 여러 단어를 가지게 되었을까? 우리 문화에서는 쌀을 중요시하여 쌀에 대해 더 세분된 개념화가 이루어졌고, 마찬가지로 에스키모 문화에서 눈이 차지하는 비중이 커서 이를 필요에 따라 구분하여 개념화했기 때문에 이런 현상은 너무나 당연하다.

한국어에는 '머리'와 '얼굴'의 구분 개념이 있다. 국립국어원에서 간행한 ≪표준국어대사전≫은 '머리'를 다음과 같이 정의하고 있다.

> 사람이나 동물의 목 위의 부분. 눈, 코, 입 따위가 있는 얼굴을 포함하며 머리털이 있는 부분을 이른다. 뇌와 중추 신경 따위가 들어 있다.

이외에도 우리말의 '머리'에는 보다 좁은 뜻이 더 있다. ≪연세 현대 한국어사전≫에는 그 뜻이 제시되어 있다. '사람의 머리카락이 있는 부분'이라고. 그리고 다음과 같은 용례들을 제시하고 있다.

> 그는 손을 머리에 얹었다.
> 선생님께서는 웃으시며 내 머리를 쓰다듬어 주셨다.
> 아주머니는 물건을 머리에 이는 대신 바구니에 담아서 지고 나갔다.

이는 '얼굴'과 대립되는 개념이다.

> 눈, 코, 입이 있는 머리의 앞면 ≪표준국어대사전≫
> 입, 코, 눈이 있는 머리의 앞쪽 부분 ≪연세 현대 한국어사전≫

다시 말해 한국어에서는 목 위의 신체부위 전체를 가리키는 넓은 의미의 '머리1'을 다시 머리카락이 있는 뒷부분을 가리키는 좁은 의미의 '머리2'와 눈, 코, 입이 있는 앞부분을 가리키는 '얼굴'로 구분하고 있는 것이다. 이것은 다음과 같은 표현들이 존재함으로 입증된다.

> 돌에 머리가 아니고 얼굴을 맞았다.
> 아이가 얼굴과 머리에 상처투성이다.

여기서 잠시 우스갯소리를 한마디 해보자. 위에 언급한 ≪연세 현대 한국어사전≫에 실린 '머리2'의 정의에는 문제가 있다는 것이다. 사실 '사람의 머리카락이 있는 부분'이라는 정의는 대머리에게 머리와 얼굴의 경계를 어떻게 구분할 것인가 하는 질문에 속절없이 무너져버린다. 대머리는 머리카락이 상당 부분 빠져 있기 때문이다.[8]

세간에는 대머리의 경우 '세수를 할 때 비누가 가는 부분을 얼굴로 보고 그렇지 않은 부분이 머리다' 혹은 '샴푸가 가는 부분이 머리다'는 식의 해법을 제시하는 사람들이 있다. 또 한 발 더 나아가서 당황하거나 창피해할 때 빨개지는 부분까지를 얼굴로 보고 색깔의 변화가 없는 부분을 머리로 볼 수 있다는 식의 주장도 있다. 아무튼 내 생각으로는, 이런 문제를 제거하려면 사람의 머리카락이 '있는' 부분이 아니라 '나는' 부분으로 고쳐야 할 것으로 보인다.

그런데 영어에는 우리말에 있는 이 같은 '머리'와 '얼굴'의 대립 개념이 없다. head의 앞부분인 face를 제외한 뒷부분을 별도로 개념화한 어휘가 없는 것이다. head는 face를 포함한 목 위의 신체부위를 가리킬 뿐이다.

낱말이 먼저인가, 대상이 먼저인가?

*

자, 지금까지 다양한 개념화 현상을 살펴보았다. 그렇다면 이런 개념화의 차이는 어떻게 발생하는가.

이는 언어에서 오는 것으로 보아야 한다. 개념은 결국 언어로 표현되기 때문이다. 물론 언어로 표현되지 않은 채 존재하는 개념들도 있기는 하지만 그것들은 지속되기 어렵다. 요컨대 개념은 언어로 표현되고, 그래서 언어마다 개념화가 다르다고 할 수 있다. 언어에 의해 우리가 조종당하고 있다고 포스트모더니스트들이 주장한 이유 또한 여기에 있다.

사고의 기본 단위가 개념인데 개념이 언어로 되어 있다면 결국 사고는 언어로 되어 있다는 결론으로 향한다. 즉 사고는 소리 없는 언어라는 것이다. 사실 머릿속으로 이런저런 생각을 할 때 우리는 머릿속에서 언어를 사용하고 있다. 예를 들어 이런 식이다. '가만 있자. 오늘 점심을 누구하고 먹지? 영희는 선약이 있다고 하니 안 되겠고…. 김 과장에게 전화해봐야겠군.'

이와 같은 측면에 기반을 두고 '사고는 소리 없는 언어활동인가?'라는 철학적 질문에 대해 찬성 의견을 제시하는 학자들이 많다. 심지어

존 왓슨John B. Watson 같은 미국의 행동주의 심리학자는 언어와 사고는 같다고까지 했다.

반면에 러시아의 발달심리학자 레프 비고츠키Lev Vygotsky와 스위스의 발달심리학자 장 피아제Jean Piaget는 사고를 소리 없는 언어라고 보는 주장, 즉 언어가 곧 사고라는 주장에는 동의하지 않는다. 사실 생각으로만 존재하고 말이 생각나지 않거나 생각과는 다른 말을 하는 경우도 있고, 아직 언어가 없는 아기들도 생각할 수 있는 등 언어가 곧 사고라고 쉽게 단정할 수 없는 사례들이 많다. 하지만 이들조차도 실제로 인지 발달이 언어 발달에 크게 의존하기 때문에 사고가 언어에 크게 의존한다는 점에는 뜻을 같이 한다. 어쨌든 언어 없이 생각한다는 것은 상상하기가 어렵다. 따라서 언어가 사고의 도구임에는 틀림이 없다.

이제 요약해보자. 언어는 개념화의 도구다. 즉 세계의 해석 도구이다. 기본적으로 개념은 언어로 이루어지므로 모든 사고는 언어에 의해 촉발된다.

그런데도 우리는 흔히 잘못 생각하고 있다. 사물들이 언어와 상관없이 독립적으로 존재한다고 생각한다. 좀 더 쉽게 말하면 사물들이 먼저 존재하고 그 사물들을 부르기 위한 단어들이 나중에 존재한다고 생각한다. 그 결과, 흔히 낱말이란 이 세계의 여러 대상들에 붙이는 이름이라고 생각하고 있다. 백화점의 각 상품에 붙어 있는 꼬리표처럼 말이다.

하지만 이는 사실이 아니다. 우리에게는 개념화된 사물만이 존재한다. 개념화된 대로 사물들이 존재하는 것이다. 앞서 에스키모어의 '눈'의 개념화와 한국어 '쌀'의 개념화, 영어 'cap'과 'hat'의 개념화를 보았다. 우리는 언어가 개념화해 놓은 대로 사물들을 보고 세상을 보는 것이다. 즉 단어가 먼저 존재하고 그 단어가 개념화한 대로 사물들을 볼 뿐이다.

따라서 단어가 먼저 존재하고 거기에 대응되는 사물이 존재하게 된다. 다시 말해 낱말이란 대상에 붙이는 이름이 아니라 우리가 세계를 바라보고 인식하고 이해하는 틀이나 장치가 되는 것이다. 우리가 검은 안경을 끼면 세상이 검게 보이고 푸른 안경을 끼면 세상이 푸르게 보이는데, 언어가 곧 그런 안경과 같다.

세계는 스스로 존재하는 것이 아니라 우리가 만든 개념의 구성물이다. 하이데거Heidegger는 언어를 '존재의 집'이라고 했다. 인간은 언어를 통해 세계를 인식하고 이해하고 사고한다는 의미다. 그러니까 언어가 자아를 실현하는 원초적인 기본 틀이라면 인간은 그 언어라는 집 안에서 살아간다고 표현하는 게 타당할 것이다.

또 훔볼트Friedrich Heinrich Alexander Humboldt와 바이스게어버Leo Weisgerber는 언어를 '중간세계'라고 말했다. 즉 나는 결코 이 세계를 직접 만날 수 없고 반드시 언어라는 매개물을 통해서만 만날 수 있다는 뜻이다. '나―언어―

세계'와 같은 식이다. 비유적으로 말하면 언어는 '세계를 보는 창'이라고 할 수 있다.

다시 한 번 강조하지만 세계란 결코 우리가 이름을 붙이는 그런 개체들이 다수 모여 이루어진 게 아니다. 경험의 대상은 우리가 갖고 있는 개념과 별개로 존재하는 것이 아니기 때문이다.

달인들의 기막힌 개념화

*

한편 언어에 의해 개념화된 세상에서 언어 없이 세상을 이해하기 어렵다는 이 같은 주장을 약화시키는 특수한 사람들의 사고 활동이 있다. 감각적 영역에서 활동하는 소위 '달인'이라 불리는 사람들의 존재다.

소리만 듣고 통조림의 불량 여부를 알아내는 소리의 달인이 있고, 눈을 가리고도 와인의 원산지와 품종 및 빈티지vintage(생산 연도)까지 알아맞히는 소믈리에sommelier와 같은 맛의 달인도 있다. 이들은 미세한 감각적 차이를 구분해내는 능력이 있는데 감각적 현상을 보통 사람들보다 훨씬 더 미세하게 개념화하고 있기 때문이다.

예를 들어 보통 사람들은 와인 맛에 대해서 '시다', '달다', '시큼하다', '강하다', '부드럽다' 정도의 개념만을 갖고 있지만, 소믈리에는 이보다 훨씬 다양하게 맛을 개념화하여 인식하고 있다. 이들은 어떻게 감각적 현상을 그토록 미세하게 개념화하고 있을까? 선천적으로 감각기관이 발달해 있어서일까? 물론 그렇기도 하지만 아무리 감각기관이 민감해도 그 차이를 인식하고 기억하고 있지 않으면 일정한 판단을 내릴 수 없다.

결국 인식하고 기억해야 하는 일인데, 알고 보면 이들이 이용하는 수단 역시 언어다. 즉 수많은 향을 언어로 개념화하는 것이다. '거친', '굳은', '탄탄한', '우아한', '신선한', '생생한', '부드러운', '강한', '무

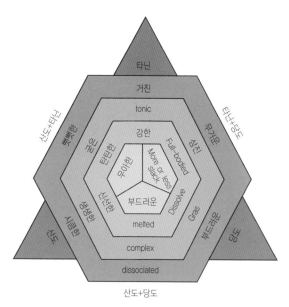

•• 와인 향의 다양한 표현
(출처 http://norukun.tistory.com/145)

거운', '가벼운'과 같은 형용사나 동사 외에, 유감스럽지만 tonic, full-bodied, slack, melted, complex, dissociated, dissolve, gras 등의 외국어까지 동원해서 표현하고 있다.

이렇게 형성된 와인 맛의 개념화는 본인의 맛 판별을 위한 기준도 되지만 다른 사람과의 의사소통에도 이용된다. 와인 향의 개념화도 마찬가지다.

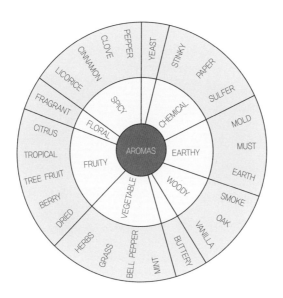

●● **와인 향의 개념화**
(출처 https://www.danzantewines.com/aroma-wheel.html)

'돈이 있다' vs '돈을 가지다'

*

이처럼 우리는 언어가 개념화해놓은 세계에 살고 있다. 그렇다면 이런 의문이 들지 모르겠다. "언어의 차이가 사고의 차이를 만들지는 않을까?" 대답은 '그렇다'이다.

미국의 인류학자 사피어Edward Sapir와 언어학자 워프Benjamin Whorf는 언어상대성이론이라는 것을 주장했다. 그 내용은 이렇다. '우리가 현실세계라고 이해하는 것은 언어 관습의 기초 위에 세워져 있다. 우리는 언어가 노출시키고 분절시켜놓은 세계를 보고 듣고 경험하는 것이다. 언어는 우리의 행동과 사고 양식을 결정하고 주조鑄造한다. 언어는 사회적, 문화적, 심리적인 것의 원인이다. 따라서 상이한 민족들이 세계를 인식하는 양식이 다르고 사고방식이 다른 원인은 바로 언어에 있다.'

요컨대 언어구조가 문화구조를 결정한다는 것이다.

예를 들어보자. 워프는 영어나 프랑스어 같은 유럽어와는 구조적으로 대단히 많은 차이를 보이는 아메리카 원주민 호피Hopi족의 언어 연구를 통해, 호피족과 유럽인들의 문화적 차이가 언어구조의 차이에서 비롯되는 것임을 주장했다. 한 가지 예만 소개해보자. 인도유럽어 혹은 인도게르만어印歐語에 '열熱'을 뜻하는 동사는 없고 오직 명사만 있는데, 이로 인해 유럽 과학자들은 열을 실체로 파악하려 했고 열이 역학적 현상 혹은 어떤 실제의 속성임을 아는 데 오래 걸렸다는 것이다. 반면 호피어에는 동사만 있다.

우리나라 사람들은 무지개가 일곱 색깔로 되어 있다고 생각한다. 사실 무지개 색을 몇 개라고 말한다는 것은 과학적으로는 무의미함에도 불구하고도 무지개를 일곱 색깔로 보는 것은, 무지개 색을 가리키는 낱말이 우리말에서는 일곱 개(빨-주-노-초-파-남-보)이기 때문이다. 반면 아프리카 로디지아의 쇼나^{Shona}어에는 무지개 색이 3단어(빨강/주황-노랑/초록-파랑/남색)이고 심지어 라이베리아의 바사^{Bassa}어에는 2단어밖에 없다. 한국어에서도 '청靑'과 '녹綠'이 함께 '푸르다'라는 단어로 표현되고 있다. '푸른 하늘'과 '푸른 바다'처럼 말이다. 이는 과거 우리 선조들이 '청'과 '녹'을 구분하지 않았다는 증거다. 그렇다고 각 민족이 색깔을 판별하는 능력까지 좌우한다는 게 아니라 색깔에 접근하는 기본적인 태도를 구성한다는 말이다.

언어를 통해 우리와 서구인의 소유관을 비교해보는 것도 재미있을 것이다. 국어에서는 소유관계를 표현할 때 여간해서는 '가지다'라는 동사를 사용하지 않는다. 그저 '있다'고만 한다. '나는 돈이 있다'라는 식으로 말이다.

반면에 유럽어에서는 '가지다(영어 have, 불어 avoir, 독어 haben 등)'라는 동사가 소유관계를 표현하는 전형적 동사이며 심지어 소유관계가 아닌 관계도 마치 소유관계처럼 '가지다'를 사용하는 경우가 많다. 가령 '형이 둘 있다'는 혈연관계도 '두 형을 가지고 있다'라고 표현하고 '팔이 길다'는 신체부위의 표현도 '긴 팔을 가지고 있다'는 식의 소유관계로 표현한다. 심지어 프랑스어에서는 나이도 가진다고 한다 ^{J'ai vingt ans}. 물론 우리말에선 나이를 '먹는다'고 하지만.

서구어에서 '나는 돈을 가지고 있다' 할 때 '나'는 돈의 소유주이지만, 우리말에서 '나는 돈이 있다'라고 할 때 '나'는 소유주가 아니라 그저 돈이 있는 장소('나한테는 돈이 있다'에서 온 문장으로 보면)에 불과한 것이다. 이같은 언어구조로 말미암아 서양에서는 소유문화가 발달하게 되었지만 우리말에서는 소유문화가 상대적으로 덜 발달하게 된 것일지도 모른다. 우리나라에선 전통적으로 '소유'보다는 오히려 '무소유'를 더 숭상하는 가치관이 내려오고 있는데 이 역시 우리의 언어구조와 관계가 있을 것이다. [9]

이상에서 살펴보았듯이 언어는 세계를 바라보는 창이고 우리 사고의 틀, 즉 프레임을 형성한다. 이로 인해 발생하는 한 가지 문제는, 사용하는 언어가 만들어 놓은 틀대로 사고하게 됨으로써 우리가 수동적인 입장이 되어 새로운 방식으로는 생각하지 못할 수 있다는 점이다. 창의적 사고가 그 어느 때보다 강조되고 있는 요즘 이는 큰 문제가 아닐 수 없다. 앞으로 이 점을 좀 더 깊이 생각해보자.

3. 생각의 진정한 자유는 창조력으로 발휘된다

창의력의 '진짜' 의미

*

창의력이란 무엇일까?

간단히 말하면 이전에 없던 새로운 대상을 창조하거나 새로운 방법을 창안해내는 능력이라 할 수 있다. 그런데 이것만으로는 부족하다. 왜냐하면 그렇게 해서 나타난 결과가 가치 면에서 이전 것보다 못하면 안 되기 때문이다. 따라서 이 조건을 추가하여 정의하면 창의력creativity이란 '가치 있는 새로운 대상을 창조하거나 새로운 방법을 창안해내는 능력'이다.

새로운 대상이나 방법을 만들어내려면 무엇이 필요할까? 현실에 있는 것들을 재현해서는 안 되므로 상상력이 필요하다. 상상력imagination이란 현실에 없는 새로운 역동적 이미지를 만들기 위해 서로 다른 기억들을 재조합하는 인지적 활동이다. 결국 창의력이란 상상력을 발휘하여 가치 있는 새로운 대상을 창조하거나 새로운 방법을 창안해내는 인지적 능력이라 할 수 있다.

그런데 우리는 다른 한편에서 문제해결 능력problem-solving ability도 강조하고 있다. 경쟁이 워낙 치열하여 생존을 위해서는 바로 이 능력이 필요하기 때문이다. 특히 요즘에는 크게 문제가 없어 보이는 상황에서도 경쟁상대보다 효율이 낮다는 이유만으로 문제를 제기하고 그 문제를 해결하라고 요구한다.

그런데 문제를 해결하기 위해서는 문제의 원인이 어디에 있는지를 알아내는 문제파악 능력이 선행되어야 한다. 그러려면 주어진 문제를 적절한 질문으로 바꾸는 능력이 다시 필요한데 이를 문제제기 능력이라 부른다. 결국 문제해결 능력을 키우기 위해서는 문제파악 능력과 문제제기 능력을 키워야 한다. 이런 능력들은 어떻게 배양할 수 있을까? 한마디로 기존의 사고에서 탈피해야만 가능하다. 어떻게?

무無에서 유有를 창조할 수는 없다. 만일 무에서 유를 창조한다면 그건 마술이다. 새로운 것은 현재 가지고 있는 것들을 이용하여 만드는 거다. 흩어져 있는 나무와 돌들을 이용하여 집이라는 전혀 새로운 것을 만들 듯이. 다만 과거의 경험들을 되살려 서로 이어져 있지 않은 것들을 새롭게 연결하여, 다시 말해 영역 간 전이轉移를 실행하여 새로운 것을 만들 뿐이다. 인류의 진보는 이렇게 이루어져 왔다.

이것을 DIKW 위계hierarchy를 통해 설명하면 이렇다.

•• DIKW 피라미드[10]

'자료'에서 지금 주어진 문제와 관계있는 것들을 추려 '정보'를 얻는다. 그리고 이 정보를 잘 배열하고 정리하여, 즉 체계화하여 '지식'으로 만든다. 이렇게 만들어진 지식들 가운데 지금 주어진 문제를 해결하는 데 유효한 것들만을 선별하여 서로 조합함으로써 문제를 해결하게 된다. 이런 문제해결 능력을 우리는 '지혜'라고 부른다. 물론 과거에 축적된 자료와 정보, 지식으로부터 유효한 것들을 취하여 선별하고 이들을 서로 조합하는 능력은 앞서 말한 대로, 서로 연결되지 않은 것을 새롭게 연결해보는 힘, 즉 '상상력'을 통해 길러진다.

이것으로 우리는 역설적 상황에 처했다. 새로운 것을 창조하기 위해선 현실에 존재하지 않는 것을 떠올리는 상상력이 필요한데, 이때 그 재료가 되는 과거의 기억까지 함께 떠올려야 하기 때문이다.

기억 vs 상상

*

기억이란 (직접경험이든 간접경험이든) 과거의 경험을 인출하는 행위다. 반면에 상상이란 경험하지 않은 것을 사고하는 행위다. 물론 기존의 것들을 새로이 조합하는 방식으로 이루어지지만.

기억과 상상 중에 어느 것이 더 어려울까? 당연히 상상이 더 어렵다. 우선 상상이란 새로운 조합인데 많이 해보지 않았기 때문이다. 가령 연필은 1565년, 고무지우개는 1770년 처음으로 만들어졌지만[11] 오

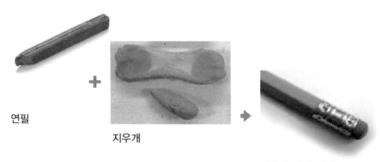

연필

지우개

지우개 달린 연필

늘날 우리가 너무나 당연하게 사용하고 있는 지우개 달린 연필이 나온 것은 1858년이다. 그러니까 연필과 지우개가 결합되어 한 제품이 되기까지는 무려 88년을 기다려야 했다는 얘기다.

그러나 보다 더 중요한 원인이 있다. 새로운 조합을 방해하는 것들이 있기 때문이다. 무엇이 방해하는 걸까? 그것은 바로 기존의 고정관념이다.

증기기관차가 처음 등장했을 때는 아래 그림에서 보듯이 기관사는 기차 밖에서 운전을 했다. 그래서 기관사가 떨어져 죽는 사고가 자주 발생했다. 게다가 굴뚝에서 나오는 연기를 들이마시는 등 많은 불편도 따랐다. 도대체 왜 오늘날처럼 기차 안에서 운전하도록 만들지 않았을까? 참으로 어처구니없게도 그건 단순한 고정관념 하나 때문이었다. 당시에 사람들은 기관차는 증기의 힘으로 가는 마차라고 생각하여 마차의 마부처럼 밖에서 운전하게 디자인했던 것이다. 물론 이 사례는 '최소저항선Path of Least Resistance', 즉 가장 쉬운 방식을 찾는 심리적 경향을 설명할 때 많이

•• 증기기관차

•• 마차

쓰이지만 근본적으로는 인간의 고정관념에 의한 것이다.[12]

고정관념이란 우리의 사고 자체를 일정한 방식에 따라 이루어지게 끔 구속하는 이미 굳어진 사고를 말한다. 따라서 이런 고정관념으로부터 탈출해야 한다. 아인슈타인Albert Einstein도 고정관념을 깼기 때문에 우주가 휘어진 공간이라고 생각할 수 있었다.

창의력, 암기력, 감정

*

"암기력과 창의력 중에서 어느 것이 더 중요할까?"

사람들이 흔히 제기하는 질문이지만 거기엔 그다지 의미가 없다. 암기력은 창의력의 전제이기 때문이다. 뭘 알아야 창의력이 생기지 않겠는가. 무에서 창의력이 나오지는 않으니까 말이다. 앞서 말했듯이, 창의력은 과거의 경험 중에서 저장된 것, 즉 기억으로부터 시작되는데 그와 동시에 그 기억으로부터 벗어나야 하는 역설적인 인지활동이다. 어떻게 기억에서 벗어나는가. 서로 다른 분야의 기억을 조합함으로써 가능하다.

통찰력도 마찬가지다. 과거의 경험을 바탕으로 하되 경험에 갇히지 않고 그것을 넘어설 때 생겨난다. 바둑에서도 '정석을 외우되 잊어라'라는 격언이 있다. 대화를 통해 상대를 설득해야 할 때도 창의적 사고가 필요하다. 고정관념에 사로잡혀 있다면 상대의 마음을 움직일 새로운 동력을 찾을 수 없기 때문이다. 하지만 이 경우에는 어려움이 더해진다. 나 혼자의 생각만이 아니라 상대방의 생각과 감정, 욕망까지도 고려해야 하기 때문이다. 대화에서는 두 사람의 욕망과 의지가 충돌한다. 상대도 나와 똑같이 자신의 생각을 나에게 불어넣으려 하기 때문이다. 특히 상대의 언어가 촉발시키는 사고 프레임은 매우 큰 저해 요소로 작용한다.

게다가 이때는 주의해야 할 것이 하나 더 있다. 상상력과 창의력을 쓰되, 상대를 설득하는 데 있어 상대가 받아들일 만큼의, 꼭 필요한 만큼의 상상력만 써야 한다는 점이다. 지나치면 상대의 이해력이나 기분을 거슬려서 오히려 역효과가 날 수 있기 때문이다.

마지막으로 창의력 발휘를 방해하는 하나의 요소가 더 있다. 그것은 현재의 내 기분과 감정이다. 강한 감정, 특히 분노, 공포, 수치심, 당황스러움 같은 강한 긴장성 감정에 사로잡혀 있을 때에는 새로운 사고를 할 수가 없다. 예를 들어 자녀와 대화할 땐 어떤 대화법이 바람직한지 잘 알고 있으면서도 막상 실제로는 잘 안 되는 경우가 있다. 그 이유는 감정을 제어하지 못하는 상태에 놓여서 아이의 생각을 살피고 아이의 프레임에 맞는 설득 요인을 찾는 창의적 사고를 할 여유가 없기 때문이다.

이렇듯 어려운 것이 대화이고 소통이다. 그래서 상대의 입장을 고려하여 설득한다는 식의 단순한 원리로는 원하는 목적을 달성할 수도 없고 상대와 좋은 관계를 맺을 수도 없다.

제1장에서 우리의 생각은 자유롭지 않고 사고의 선행요소들에 의해 점령당해 있으며 이들이 설정해 놓은 특정한 관점에 의해 사고의 틀, 즉 프레임이 형성되어 이것이 사고를 일정한 방향으로 이끌어 그 안에

서만 사고하게 된다는 사실, 그리고 프레임은 우리의 언어에 절대적인 지배를 받고 있다는 사실을 살펴보았다. 언어는 세계를 바라보는 창으로서 프레임을 형성하는 원천이 되고, 이러다보니 언어가 만들어 놓은 틀대로 사고하게 됨으로써 창의적 사고를 방해하는 요인으로 작용한다. 방해 요인들을 극복하는 방안을 찾기 위해 우선 프레임을 만들어내는 관점이 어떻게 도입되는지를 알아보는 것이 필요하다. 이제 그것을 살펴보자.

제 2 장

프레임을 만드는
6가지 요소

현대 언어학의 기원을 이루는 스위스의 저명한 언어학자 소쉬르 Ferdinand de Saussure는 이런 말을 남겼다. "관점perspective이 대상을 만들어 낸다." 이것이 무슨 말인가. 대상이 관점에 선행하여 존재하고, 그다음 에 그것을 바라보는 관점이 존재한다는 것이 당연하지 않은가. 물론 상 식적으로라면 그렇다.

하지만 이렇게 생각해보자.

산 위에 나무가 한 그루 있다고 가정하자. 식물학자라면 이 나무를 구조와 상태, 성장, 생식, 물질대사 등의 관점에서 볼 것이고, 미술가 라면 나무의 잎과 줄기의 선과 면, 색깔 등 미학적 관점에서 바라볼 것이다. 역사학자는 이 나무에서 조선시대의 왕이 행차하다가 쉬어갔다는 데 주목할 것이요, 시인은 이루지 못할 사랑을 나눈 두 남녀의 비극적 이야기가 탄생한 곳이라는 관점에서 접근할 것이다. 시인에게 이 나무의 식물학적 구조나 생장은 아무런 의미가 없을 것이다.

이처럼 모든 대상은 어떤 관점에서 바라보는가에 따라 너무나도 다른 존재가 된다. 그래서 어쩌면 내가 보는 관점이 그 대상이 가지는 의미가 된다는 얘기다. 더 나아가 내가 대상을 특정한 관점으로 바라볼 때 비로소 그 대상이 존재하게 되는 것이다. 내가 바라보기 이전에는 설사 그것이 존재했다 한들 무슨 의미가 있으랴.

여행을 하면 보는 만큼 얻는다. 유럽 여행을 하면 성당을 많이 가게 되는데, 처음엔 감탄을 하다가 둘째, 셋째 방문 때부터는 크게 감명 받지 않을 뿐더러 심지어 지겨워지기도 한다. 만일 그 성당의 역사적, 종교적 의미를 모르고 본다면 그저 또 하나의 성당일 뿐이니까. 국내 관광에서도 절을 찾아다니다보면 '그 절이 그 절'이라고 생각할 때가 있다. 이렇게 여행을 하더라도 바라보는 관점이 없이 막연히 방문을 하면, 나중엔 어디를 다녀왔는지 기억도 못하게 되고 결과적으로는 그 대상도 사라지게 된다. 이런 점에서 관점이 대상을 만들어낸다는 말뜻을 이해할 수 있으리라.

이언 해킹Ian Hacking은 개념의 출현이 현상을 출현시키는 '고리 효과looping effect'를 제시했다. 즉 새로운 개념을 만들어내면, 거꾸로 그러한 유형에 해당하는 대상이 만들어진다는 것이다. 가령 '아동 학대child abuse'라는 개념이 만들어지면서 많은 사례들이 보고되기 시작했다. 그리고 '다중인격 환자split personality'의 개념이 출현하면서 이 같은 유형의 사람들이 나타나기 시작했다는 것이다. 아동학대의 개념이 없던 시절에는 그저 집안의 문제나 자녀 교육 스타일의 차이로 생각했으므로 아동학대가 없었다고도 할 수 있다. 물론 개념이 없었다고 과거에 그 사실이 없었다고까지 말하는 것은 지나친 측면이 있다. 하지만 분명한 것은 개념의 정립으로 그런 현상에 대한 인식이 비로소 마련된다는 점이다. 이렇게 본다면 소쉬르의 '관점이 대상을 선행한다'라는 명제와 일맥상통한다고 하겠다.

관점이 대상을 만들 듯이, 관점은 사람들로 하여금 분명한 사고의 틀을 만들어낸다. 즉 관점은 프레임을 만든다. 앞에서도 말했듯이, 프레임이란 사고하기 위해 무의식적으로 형성되는 사고의 틀로서 사고의 가이드라인이 되어 다르게 사고할 가능성을 차단하게 된다.

당신은 이 그림이 무엇을 나타낸다고 생각하는가?[13]

오리일까 토끼일까? 어느 쪽이든 일단 한쪽으로 생각하기 시작하면 다른 쪽으로는 보이지 않게 된다. 우리가 무언가를 보고 있다는 것은 한편으로 다른 많은 것들을 보지 않고 있다는 얘기다.

물론 프레임이 우리의 생각을 완전히 국화빵 찍듯이 그렇게 기계적으로 찍어낸다는 말이 아니라 사고의 방향과 구조를 결정한다는 의미이다. 즉 틀을 결정한다는 뜻이지 내용물까지 결정짓는다는 말은 아니다. 국화빵에 비유하자면 프레임은 국화빵을 찍는 기계이고, 실제 그 기계로 국화빵을 만들기 위해 밀가루를 어떤 제품을 쓰고 팥을 얼마만큼 넣을지는 개인이 선택할 몫이라는 것이다.

●● **국화빵 굽는 틀**　　●● **붕어빵 굽는 틀**

관점이 프레임을 만든다면, 관점은 우리에게 어떻게 스며들어 자리 잡는 것일까? 답변은 간단하다. 관점은 우리가 사용하는 언어에 의해 알게 모르게 도입된다. 즉 어떤 어휘를 듣거나 떠올리면 그 어휘가 품고 있거나 그것에 관련된 관점이 형성되는 것이다.

관점을 만드는 언어를 유형별로 살펴보자.

1. 긍정 혹은 부정의 관점으로 유도하는 언어
: 단어

'경쟁체제 도입'이냐, '사기업에 매각'이냐?

*

2012년 10월 30일 방영된 EBS 다큐프라임 〈킹메이커〉 2부에 흥미로운 설문조사가 있었다.[14] 궁극적으로는 동일한 의미를 지녔지만 언어 표현만 달리하여 설문을 작성한 후에 서울 강남역과 인천의 구월동에서 이틀 동안 찬반투표를 실시한 것이다.

> KTX 일부 노선을
> 사기업에 매각하는 것에
> 찬성하십니까?

첫째 날 제시한 이 설문에는 찬성이 많았을까 아니면 반대가 많았을까? 왠지 반대가 많았을 것 같지 않은가.

아닌 게 아니라 이 설문에 대해 시민들의 반응은 다음과 같이 나타났다.

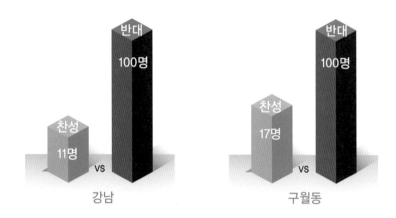

두 지역 모두에서 반대가 압도적으로 많았다. 그런데 둘째 날에 제시한 질문은 첫날과 다른 어휘로 구성되어 있었다.

이 설문에 대한 시민들의 투표 결과는 어땠을까? 어쩐지 앞의 설문에 비해 찬성이 높을 것 같은 느낌이 들지 않는가. 아니나 다를까, 결과는 다음과 같았다.

즉 첫날 투표 결과에 비해 강남의 경우 찬성이 대폭 상승하였고, 구월동의 경우에는 아예 찬반이 뒤바뀌어 찬성 쪽으로 돌아섰음을 볼 수 있다.

왜 이런 상반된 결과가 나왔을까? 일부 노선 매각에 반대표를 던진 사람들은 대체적으로 아래와 같은 반응을 보였다.

"사기업 매각하면 비싸질까 봐요."
"공기업에서 해야 되는 것을 사기업으로 넘기면 국민들이 그 부분에 대한 부담을 더 많이 느껴야 될 것 같아서…."
"그래도 우리 공기업이 갖고 있어야지, 개인 업체에 가는 것은 반대합니다."
"대중교통이니까. 사기업에 넘어가면 안 된다고 생각해요."

그럼 매각에 찬성표를 던진 사람들의 반응은?

"우리 한국 사회가 앞으로도 경쟁력 있고 바람직한 변화를 유도해야 되는데….."

"경쟁을 하면 조금 더 높은 곳으로 갈 수 있는 바탕이 제공된다고 생각해서."

"서로 경쟁이 돼야지 서비스나 이런 것이 개선되고 그러지 않을까 해서….."

"경쟁을 통해서 발전을 하는 거죠."

시민들의 반응에도 그 답이 있지만 나의 생각은 이렇다.

첫째 설문 "KTX 일부 노선을 사기업에 매각하는 것에 찬성하십니까?"에는 '사기업'이라는 단어가 있는데 이는 본질적으로 부정적 이미지를 형성하는 단어이다. '공公'과 '사私'의 대립에서 '사'는 부정적인 가치를 나타낸다. 이미 제1장 초반에서 지적한 위치 프레임의 원리대로 긍정/부정 가치어가 병렬될 때는 항상 긍정가치어가 앞선다. 그래서 '공사公私'다.

또 '매각하다'라는 단어가 있는데 '매각'은 본질적으로 사람들로 하여금 부정적 관점으로 접근하게 한다. 인간은 무언가가 생기는 것을 좋아하지 없어지는 것을 좋아하지 않기 때문이다. 이는 '구입'이나 '매입'과 같은 단어들에 긍정적인 관점을 부여하는 것과 좋은 대조를 이룬다.

둘째 설문 "고속철도의 경쟁체제 도입에 찬성하십니까?"에는 '경쟁'과 '도입'이라는 단어가 포함되어 있다. 이 두 단어는 모두 긍정적인 가치를 나타낸다. '경쟁'은 과거에는 중립적이었는데 언제부터인가 우리 사회에서 긍정적인 가치로 바뀌었다. '도입'은 앞서 지적했듯이 무언가가 생기는 것이어서 긍정적인 관점으로 접근하게 한다.

또한 첫째 설문의 '매각하다'라는 동사는 파는 사람을 주어로 취하므로 여기에서는 이 행위가 '정부의' 행위라고 생각하게 하는 반면에, 둘째 설문의 '도입하다'는 주어가 반드시 정부가 아니라 공동체 사회도 포함할 수 있으므로 정부의 행위라는 느낌을 덜 주고 우리가 함께 가지게 된다는 의미를 갖게 하는 요인도 더해진다.

이상의 관점은 투표자들이 설문지에 포함된 언어들을 보는 순간 무의식적으로 갖게 되는 생각들이다. 이처럼 우리가 사용하는 언어 가운데 어떤 단어들은 본질적으로 긍정적 혹은 부정적인 관점으로 우리를 인도한다. 따라서 어휘 선택이 사람들의 사고를 움직이는 결정적인 역할을 한다는 점도 알아두어야 할 것이다.

물론 설문 내용에 대한 각자의 판단이 이미 존재하겠지만 (그래서 강한 주관을 갖고 있거나 이미 자신의 의견이 확고한 사람들의 경우에는 크게 영향을 주지 않을 수 있지만) 그렇지 않은 많은 사람들에게는 큰 영향을 끼치게 되는 것이다.

버스 노선을 폐지한다고?

*

어느 회사에서 사원들을 위해 운행하는 출퇴근 버스 가운데 특정 노선을 폐지하기로 한 공고를 다음과 같이 냈다.

통근 버스 **노선 폐지 공고

　본사는 그동안 운행하던 **노선의 폐지를 승인하고 다음과 같이 공고합니다.

2018년 8월 9일

주식회사 *** 대표 홍길동

1. 폐지되는 노선

　– ***노선 : 지하철역 ~ 사옥(10㎞)

2. 폐지사유

　– 배경 : 이용자 감소

3. 시행일 : 2018. 9. 1.

　이 공고가 난 다음날부터 회사 게시판에는 불만 의견으로 불이 났다. 사원들과 논의 과정 한 번 없이 사측에서 일방적으로 폐지했다는 내용이 주를 이루었다.

그런데 반대를 주도한 사람들은 흥미롭게도 해당 노선을 이용하던 사원들이 아니었다. 어차피 이용자 수가 줄어서 폐쇄하기로 결정한 것이었으니 불만을 제기하는 사람이 많지는 않기 때문이다. 사실 요즘 인터넷 공간이 그러하듯, 반대 여론을 펴는 사람이라고 해서 꼭 이해당사자(버스이용자)라는 보장은 없다. 사실 이 정도는 요즘 상식이 되어 있으므로 담당부서 사람들이 이를 몰랐을 리가 없다. 그럼에도 이렇게 문제를 키운 것은 담당자의 안이한 태도라고 봐도 좋을 터.

이 같은 사태가 발생하는 것은 너무나 당연했다. 사원들과 소통 없이 일방적으로 의사 결정을 한 것은 잘못된 것이기 때문에 빌미를 제공한 것이라 할 수 있다.

하지만 이용자가 적어서 폐지하는 것이라면 굳이 이렇게 분란을 일으킬 필요가 있었을까? 분란의 원인은 사실 공고를 전하는 방식에 있었다. 사람들은 이 공고로부터 좋은 감정을 가질 수 없다. 이는 '폐지'라는 단어가 만들어낸 본질적 저항감에서 비롯되었다. '폐지'는 본질적으로 부정적인 관점을 불러일으키는 단어인 것이다. 따라서 이 어휘 대신 '노선 (합리적) (재)조정'과 같은 표현으로 교체하는 것이 이용자의 심기를 불편하지 않게 만드는 방법이 될 수 있다.

통근 버스 운행 조정 안내

2018년도 하반기 통근 버스 운행은 최근 이용자 감소에 따른 노선조정 및 운행 효율성 제고를 위하여 아래와 같이 운행되오니 이용에 착오 없으시기 바랍니다.

1. 2018년도 통근 버스 운행 및 중지 시기
   - **노선 : 2018. 9. 1. 부터 운행(출근. 셔틀, 퇴근)

이렇게 수정 공고를 내보낸 후 직원들의 불만은 많이 줄어들었다.

내친 김에 이처럼 본질적으로 사람들을 긍정 혹은 부정의 관점으로 유도하는 단어들을 좀 더 살펴보자.

좀 더 구체적으로 말해주세요!

*

구체적인 언어가 추상적인 언어보다 선호된다. 예를 들어 고마운 마음을 표현할 때는 단지 고맙다는 말만 할 것이 아니라 감사의 이유를 함께 표현하는 것이다.

a) "감사합니다."
b) "선생님이 아니었으면 저는 엄청 힘들었을 거예요."
c) "선생님이 그렇게 해주셔서 제가 큰 덕을 보았어요."

a)보다는 b) 혹은 c)가 상대의 마음을 더 움직일 것이 분명하다. 구체성이 담보되면 진정성을 느끼게 해주는 반면, 그것이 결여되면 진정성을 의심하게 만들기 때문이다. 따라서 가급적이면 구체적으로 표현하는 것이 좋다.

감사의 말을 들었을 때도 마찬가지다.

a) "별말씀을요."
b) "별것 아닌 걸요. 당연한 건데요 뭘."
"그냥 도와드리고 싶었어요. 저한테도 그동안 도움 많이 주셨잖아요."
c) "그렇게 하는 게 제 마음이 편해서 그랬을 뿐이에요. 그러니까 사실은 저를 위한 일이었어요."

아무런 대꾸도 안 하는 것보다는 a)정도라도 말하는 것이 좋지만 그보다는 b)나 c)로 응대하는 것이 더 좋다.

부하직원에게 단지 '조직'에 헌신하라는 말로 설득하려들면 성공하기 어렵다. 너무 추상적이어서 막막하기 때문이다. 그보다는 좀 더 구체적으로 어떤 '과제'에 헌신하라고 하는 것이 좋은 방법이다. 상대가 목표를 확실하게 설정하는 것은 물론, 업무 내용을 잘 이해할 수 있기 때문이다.

한국의 중년 이상 남성들은 구체적으로 표현하기는커녕 아예 표현을 하지 않는 경향이 있다. 그러면서 '마음은 있는데 표현이 잘 안 된다'거나 '꼭 무슨 말을 해야 하나, 눈빛만 보아도 알 수 있는데…' 하면서 변명을 한다. 하지만 명심해야 한다. 사랑은 표현할 때까지 사랑이 아니라는 것을.

2. 고정관념을 갖게 하는 언어
: 대표의미

남녀에 대한 고정관념

*

주부가 장을 보고 집에 돌아와 보니 중학생인 아이가 소파에서 스마트폰을 가지고 놀고 있다.

이 모습을 지켜보는 엄마의 마음은 어떨까? 대개는 속이 부글부글 끓는다. 공부하고 있기를 기대했건만 아이가 그 기대를 여지없이 무너뜨렸기 때문이다. 그러면 왜 엄마는 아이가 공부하고 있기를 기대했을까? 바로 '학생은 공부하는 사람'이라는 고정관념 때문이다. 그렇다면 이런 고정관념은 어디서 왔을까? 그건 '학생'이라는 말의 정의가 '학교에 다니면서 공부하는 사람'이기 때문이다. 그래서 우리는 '학생'의 가장 중요한 의미성분, 즉 대표의미에 의해 무의식중에 '공부'라는 관념을 가장 일차적으로 가지며, 그것부터 즉각적으로 떠올리는 것이다.

그런 다음 거실로 나와 보니 남편이 소파에 누워 텔레비전을 보고 있다.

아내는 또다시 심기가 불편해진다. '남편'은 대체적으로 '일을 하여 집안의 생계를 책임지는 사람'이라는 것을 대표의미로 갖고 있는데 지금 소파에서 뒹굴고 있기 때문이다. 물론 피곤한 이유를 알고 쉴 만한 사정이 있다 하더라도 머릿속에 즉각적으로 드는 생각은 그런 고정관념일 뿐이다.

자, 이번엔 딸아이가 엄마가 소파에서 자는 모습을 본다고 가정하자.

아이의 생각은 우선 이럴 것이다. '엄마가 피곤하신가보네.' 아이에게 엄마는 '여러 가지 집안일을 하는 사람'이기 때문이다.

이처럼 대부분의 경우 고정관념이란 그 어휘의 대표적인 의미 구성 성분으로부터 나온다.

모처럼 휴양지에 온 부부가 언쟁을 한다.

> 男 : 면도기 가져왔어?
> 女 : 아니.
> 男 : 아니 그것도 안 챙겼어?
> 女 : 아니 자기 건 자기가 챙겨야지. 애도 아니고. 하루 이틀도 아니고
> 男 : 뭐 애? 내가 애야? 내가 또 언제 맨날 그랬다고 그래?
>   그리고 그런 건 당신이 챙겨야지. 집에서 놀면서 그런 것도
>   하나 못해?
>   당신이 집에서 하는 게 뭐야?
> 女 : 내가 집에서 노는 줄 알아? 밥하고 빨래하고 청소하고….
>   (이러다 지난 일을 줄줄이 끄집어낸다.)

이 대화에서 우리는 남녀 서로에 대한 고정관념이 얼마나 확고한지, 또 그 때문에 얼마나 다른 관점에서 대화를 나누는지를 볼 수 있다. 위의 대화를 분석해보자.

> 男 : 면도기 가져왔어?
> 女 : 아니.
> 男 : 아니 그것도 안 챙겼어?

여기서 살림은 여자의 일이라는 고정관념에 입각하여 남자는 면도기 가져오는 것을 살림의 프레임으로 접근하고 있다.

女 : 아니 자기 건 자기가 챙겨야지. 애도 아니고. 하루 이틀도 아니고 ~

반면에 여자는 이 현상을 살림이 아니라 여행의 프레임으로 접근하고 있다. 또한 남편을 성인이라는 프레임으로 접근하여 성인이라면 자기 물건은 자기가 챙겨야 한다는 주장을 펼치고 있다.

男 : 뭐 애? 내가 애야? 내가 또 언제 맨날 그랬다고 그래?
　　 그리고 그런 건 당신이 챙겨야지. 집에서 놀면서 그런 것도 하나
　　 못해? 당신이 집에서 하는 게 뭐야?

자, 여기서 남자는 자신의 고정관념인 '여자는 집에서 논다, 남자는 밖에서 힘들게 일한다'는 프레임으로 반론을 제기한다.

女 : 내가 집에서 노는 줄 알아? 밥하고 빨래하고 청소하고….

그러자 여자는 '남자는 바깥일만 할 뿐, 집안일은 여자가 다 한다'는 프레임을 통해 반박하는 것이다.

이상에서 보듯이, 남자와 여자에 대한 많은 의미들 가운데 대표적인 일과 가정에 대한 대표개념들이 고정관념으로 굳어 있음을 볼 수 있다. 이로부터 관점이 생기고 프레임이 형성되는 것이다.

가위는 자르기 위한 것?

*

사물의 경우에는 대개 용도가 그 대표개념이 된다.[15] 예를 들어 가위는 자르기 위한 것, 숟가락은 떠먹기 위한 것, 비누는 씻기 위한 것과 같은 개념이다.

심리학 실험 가운데 유명한 마이어Norman Maier의 두 줄 문제Two string problem라는 것이 있다. 그림에서 보듯이 천장에 매달린 두 줄을 하나로 연결하라는 과제를 주고 바닥에 있는 도구들을 이용할 수 있게 하였다. 하지만 두 줄의 길이가 너무 짧고 바닥에는 도움이 될 만한 도구가 없어 아무도 줄을 연결할 수 없었다.

두 로프를 연결하시오.
그러나 이 로프는 한 번에 잡기에는 너무 멀리 떨어져 있다.

정말 방법이 없을까? 사실 가위를 이용하면 쉽게 연결할 수 있다. 가위를 벌리고 손잡이 부분에다 두 줄 끝을 묶으면 된다. 하지만 이 생각을 해내기가 결코 쉽지 않다. 왜? 가위는 자르기 위한 것이라는 대표의미가 고정관념을 형성하는 바람에 연결하는 데 가위를 쓸 수 있다는 생각을 하지 못하도록 방해받는 것이다.[16]

다음은 교장 선생님들이 흔히 하시는 말씀이다.

> "학생들이 체육 시간을 늘려달라고 했다. 대학 가기가 하늘에 별 따기인 세상에서 놀 시간을 달라고 하다니, 도대체 학교가 놀이터인 줄 알아?"

여기에서도 학생은 '공부하는 사람'이고 학교는 '공부하는 곳'이라는 대표의미의 효과를 볼 수 있다.

왜 대표의미가 전체 의미를 지배할까? 모든 대상은 복합체인데 인간은 그 가운데 하나만을 중심으로 간주하기 때문이다. 다시 말해 인간은 대상을 이해할 때 주된 것을 중심에 놓고 나머지를 배경에 넣어 인식하는 것이다. 전자를 전경前景, figure이라 하고 후자를 배경背景, ground이라 한다. 그래서 우리는 음악을 들을 때도 결코 모든 음을 동등하게 듣지 않고 주선율을 전경으로, 화음을 배경으로 듣는다.

사고도 마찬가지다. 특정 개념이 중심이 되어 하나의 관점을 형성하고, 그 관점이 프레임을 이루어 사고를 이끌고 지배하는 것이다.

3. 이데올로기를 품고 있는 언어
: 이데올로기 배경어

절벽인가 낭떠러지인가?

*

'절벽'과 '낭떠러지'는 동의어일까?

언어란 그저 어둠 속에서 갑자기 튀어나오는 말이 아니라 언제나 누군가가 하는 말이다. 그러므로 언어는 항상 어떤 관점을 담고 있다. 언어표현은 주관적일 수밖에 없다. '낭떠러지'와 '절벽'은 동일한 대상을 가리키지만 전자는 위에서 내려다보는 관점을 반영하고 있는 반면, 후자는 아래서 올려다보는 관점을 담고 있다.

●● 절벽

●● 낭떠러지

나아가 언어는 이데올로기를 담고 있는 경우가 많다. 이데올로기란 권력에 봉사하는 집단적 믿음을 말한다.

1991년 6월 3일, 정원식 당시 총리가 마지막 강의를 하러 외국어 대학에 들어갈 때 학생들로부터 달걀과 밀가루 세례를 받은 적이 있다. 당시 언론들은 '어떻게 학생들이 스승에게 그럴 수 있는가?'라면서 학생들의 행동을 질타했다. 이 경우 '선생, 교수, 스승' 등은 동일한 대상을 가리킬 수 있는 단어들이지만 거의 모든 언론이 그 가운데 특히 '스승'이란 단어를 선택했다. 이유는 무엇일까? '스승'은 유교적 이데올로기를 담고 있는 단어이기 때문이다. 유교에서 스승은 그림자도 감히 밟아서는 안 되는 존재라고 하지 않는가.

남편을 가리키는 '가장家長'이니, '주인'이니, '바깥양반'이라는 단어들은 가부장적 지배 이데올로기를 품고 있다. 조폭 영화가 인기 있는 이유 역시 이와 관련이 있다. 영화 〈대부The Godfather〉에 남자들이 열광하는 이유도 마찬가지다. 이런 영화들은 가부장제의 맨 꼭대기라 할 수 있는 이야기 구조를 갖고 있어서 권위, 위계, 규율, 상벌, 충성, 복종, 가족애 등을 보여주는 종합선물 세트다.

보수진영이 진보진영을 부를 때 '좌파'라는 용어를 사용할 때가 많다. 사실 '좌파'와 '우파'는 '진보'와 '보수'보다 더 이데올로기의 냄새를 풍긴다. '좌파'라는 용어를 통해 진보진영을 사회주의자, 공산주의자인 것처럼 인식하게 하는 효과를 볼 수 있기 때문이다. 이처럼 외연을 극단화하는 효과 때문에 진보진영을 '좌빨, 빨갱이, 종북세력, 종북좌파' 등의 용어로 부르려는 시도 또한 많다. 이와 반대로 진보진영에서는 보수진영을 '우파, 보수꼴통, 꼴보수' 등으로 부르기도 한다.

한편 '위안부慰安婦'라는 용어는 제2차 세계대전 당시 일본군의 성적 '위안'을 제공하는 여성이라는 의미로, 전적으로 일본군의 제국주의 이데올로기를 담고 있는 말이다. 심지어 '종군從軍 위안부'라는 말은 스스로 군대를 따라갔다는 의미이니 더더욱 그러하다. 이처럼 실상을 왜곡하는 용어 대신에 현실을 정확히 반영하기 위해 최근에는 '성노예'라는 용어로 대체하고 있다.

또 동일한 외국인이라도 경우에 따라서 불법체류자illegal immigrant, 이주민immigrants, 난민refugee이라고 다르게 부른다. '이주민'은 그들을 평등하게 바라보는 관점을 반영하는 반면, '불법체류자'는 법적 관점에서 접근하면서 외국인 혐오 이데올로기를 반영하는 경우가 많다. 그런가 하면 '난민'은 다분히 인본주의humanism 관점을 반영한다.

우리는 1980년 5월 18일에 일어난 사건을 두고 처음에는 '광주사태'라고 불렀다. 물론 이 표현에는 진압을 정당화하려는 권력의 이데올로기가 배어 있다. 반면 요즘 쓰고 있는 '광주 민주화 운동'이라는 표현에는 진압군에 맞서 싸운 대학생들과 시민들의 민주화와 저항의 이데올로기가 담겨 있다. 이런 이유에서 표현 하나 바꾸려고 오랜 세월을 두고 서로 싸워온 것이다.

권력은 자신의 입맛에 따라 어떤 사건을 축소하기도 확대하기도 한다. 대체로 남의 일은 축소어법litotes, euphemism으로 표현하고 자신의 일은 확대어법(과장어법)으로 표현한다.

예를 들어 프랑스로부터의 독립전쟁인 알제리 전쟁(1954~62)이 터졌을 때 프랑스에서는 '전쟁'이라는 표현을 쓰는 것을 기피했다. 대신 '소수의 선동자들', '폭도' 같은 어휘를 사용했다. '전쟁'은 알제리를 하나의 국가로 인정하는 꼴이 되기 때문이다. 따라서 폭동이라는 말로 축소한 것이다. 전형적인 축소어법의 예다. 한편 일본은 '태평양 전쟁'을 '대동아 전쟁'이라는 말로 확대하여 일본 제국주의의 자기정당화를 담았다. 전형적인 확대어법의 예라고 할 수 있다.

이데올로기라곤 조금도 없는 말이었는데

*

본래는 이데올로기적 배경이 없는 어휘인데 이를 이데올로기화하여 사용하는 경우도 있다. 이 단어들은 그 안에 이데올로기가 숨겨져 있다는 사실을 사람들이 의식하기 어렵기 때문에 이데올로기 배경이 있는 말보다 효과가 더 강력하다. 예컨대 유태인들의 대량학살을 이끌어낸 장본인은 다름 아닌 '유태인'이라는 어휘 그 자체였다고 이야기할 수 있다. '유태인'이라는 어휘는 그저 한 민족 집단을 일컫는 말이어서 애당초 중립적인 어휘였다. 하지만 이후 지속적으로 반유태주의자들이 이 단어를 '장사군', '도둑놈' 혹은 단순히 '자신들과는 다른 사람', '무국적자' 등의 부정적인 속성으로 특징지어지는 인종이라는 의미로 사용했기 때문에 이 말에는 엄청난 인종 차별의 이데올로기가 스며들게 되었다.

일본인들이 과거 한국인을 '조센징'이라고 불렀던 것도 그러했다. 이는 본래 중립적인 단어 '조선인朝鮮人'이라는 뜻에 불과했지만, 점차 한국인에 대한 멸시와 폄하의 의미, 인종적으로 열등하다는 인종차별 이데올로기를 담아서 쓰이게 되었다.

예전 호주의 백호주의白濠主義처럼 캐나다에서도 백인우월주의자들이 유색인종의 이민을 받지 않으려고 운동을 벌인 적이 있다. 이때 그들이 채택한 구호가 '캐나다를 백색으로 유지하자Keep Canada white!'였다. 사실 백색white이라는 단어 자체에는 어떤 이데올로기도 담겨 있지 않다. 그런데 슬로건의 틀 안에서 이를 사용함으로써 하얀색을 교묘하게 백인을 가리키게 하여 백인 우월주의라는 이데올로기를 주입하고 있다.

흥미롭게도 미국의 흑인들도 이를 역이용하여 시위 구호로 '흑색이 아름답다Black is beautiful'를 사용한 적이 있다. [17]

우리나라의 경우 '민중', '민주', '민족'과 같은 구호들은 반독재 민주화 투쟁을 벌이던 대학생들의 이데올로기를 반영하는 말이었다. 그런데 이 가운데 '민중'이라는 것은 처음부터 그런 이데올로기를 반영하는 말이 아니었다. 이 학생들을 최루탄으로 쫓던 경찰도 예전에는 '민중'의 지팡이라고 자처해오지 않았던가.

이처럼 어떤 언어들은 본질적으로 이데올로기를 담고 있고, 어떤 언어들은 그 교묘한 관용적 사용에 의해서 이데올로기를 전하게 된다. 언어의 이러한 특성 때문에 권력을 가진 자들은 이를 적극적으로 활용한다. 이런 관점에서 레비Bernard-Henry Lévy가 '언어는 곧 권력 그 자체'라고 한 것은 의미심장하다.

이런 언어의 특성을 이용하여 국가가 아예 합법적으로 집권 이데올로기를 합리화하고 국민들의 의식을 통제하기 위해 언어생활에 개입하고 언어사용을 통제하는 수단이 있다. 그것이 바로 언어정책이다. 물론 국민 상호간의 의사소통을 보장해주는 것이 정부의 의무이고, 행정서비스에서 다수 국민이 소외되지 않도록, 혹은 특정 계층이 소외되지 않도록 언어의 통일을 확보해야 하기 때문에 언어정책은 필요한 것이라 할 수 있다.

이보다 더 중요한 것은 이런 순기능 외에 역기능도 존재한다는 점이다. 이를테면 표준어 정립을 통해서는 중앙의 통제력을 강화할 뿐 아니라 행정비용의 절감을 이끌어 낼 수 있으며, 또 자국민의 자국어에 대한 사랑과 애국심을 고취시켜 집권 이데올로기를 강화하는 수단으로 이용될 수 있다.

4. 서로 연결되어 있는 언어
: 개념군

'개념군'이란 게 뭐길래?

*

아픈 아이에게 병원에 다녀오라고 말한다고 가정해보자. 이때 아이가 병원의 개념을 알고 있다면, 즉 '병원'의 의미, 그러니까 사전에 나와 있는 대로 '병자를 진찰하고 치료하는 데 필요한 설비를 갖추어놓은 곳'이라고 이해하고 있다면, 병원에 가서 치료를 받고 올 수 있을까? 대답은 '아니다'이다. '병원'에 관한 이런 지식만으로는 병원에 가서 치료를 받는 데 결코 충분하지 않다. '의사, 간호사, 약, 수술, 치료비, 접수, (병원비) 지불, 건강보험, 처방전, 약국' 등에 관한 개념을 함께 알아야 치료를 받을 수 있다. 보통 성인들은 병원에 대한 이 같은 개념들을 함께 떠올려 병원에서 치료를 받고 온다. 이처럼 하나의 개념은 다른 여러 개념들과 서로 연결되어 있다. '병원'이라는 단어를 듣는 순간 우리의 뇌 안에서는 이러한 관련 개념들이 함께 활성화된다. 이는 마치 워드프로세서를 작동시키면 그 프로그램을 사용할 때 필요한 다른 기능들까지 한꺼번에 메모리에 읽어 들이는 것과 같다. 뇌는 그렇게 프로그래밍이 되어 있는 것이다.

시장에 가서 채소를 살 때도 단지 물건을 산다는 개념만을 이용하진 않는다. 관련 개념, 즉 지불 수단(현금, 카드), 가격(너무 비싸면 깎으려 하고 싸면 만족함), 계산(거스름돈을 받음) 등의 개념을 함께 불러내어 상거래를 하는 것이다.

이처럼 하나의 어휘에 함께 연결되어 있는 개념들의 집합을 '개념군 set of concepts'이라 한다. 이 개념군의 활성화로 우리는 사고를 하고 대화를 할 수 있다.

딸이 아빠에게 말한다.

"아빠, 오늘 데이트하는데, 돈 좀 주세요."

아빠는 딸의 이러한 요구를 곧바로 이해한다. 왜냐하면 '데이트'라는 단어를 듣는 순간 아빠의 머릿속에 관련 개념군이 활발하게 작동되기 때문이다. '남자친구, 만남, (교통수단을 통한) 이동, (예쁘게 보이기 위한) 미용, 식사, (영화 관람 등) 취미활동' 같은 것들이다. 그래서 돈이 필요하다는 것을 이해하게 된다. 미용의 필요성으로 딸이 '입고 나갈 옷이 없어요'라고 말해도 이를 이해할 수 있다. 컴퓨터라면 이러한 것들을 이해할 수 있을까? 인공지능 프로그램을 개발하려면 이 같은 개념군의 정보를 처리해야 할 것이다.

이처럼 개념군의 형성은 상대의 말을 이해할 수 있게 돕는다. 강의를 듣거나 대화를 나눌 때 남들은 이해를 하는데 나 혼자 이해하지 못하는 것은 대부분의 경우 필요한 개념군이 나한테 형성돼 있지 않아서이다. 남들 대화에 중간에 끼려면 이해가 잘 안 되는 것도 마찬가지 이유에서다.

우리는 '추석'이라 해야 할 때 '구정'이라고 실언하는 경우가 종종 있다. 왜 그럴까? 두 어휘가 '명절'이라는 동일한 개념군 안에 존재하고 있어서 함께 활성화되기 때문이다. 그래서 헷갈릴 수가 있다.

이제 개념군을 좀 더 정확히 정의해보자. 개념군이란 '일련의 상호 연관된 행위로 구성되는 복합적인 사건, 현상, 행위, 상태 및 배경지식background knowledge'을 말한다. 앞서 살펴본 상거래, 치료(병원), 데이트와 식사(식당), 결혼, 재판, 시위, 전쟁 등 많은 개념들이 개념군을 이루고 있다.

그런데 문제는 거기서 끝나는 것이 아니라 개념군으로부터 연유되는 연상 기억, 감정, 고정관념 등이 모두 개념군 안에 포함된다는 데 있다. 이들로 인해 새로운 관점이 도입되고 새로운 사고의 프레임이 형성되는 것이다.

범죄 소탕 vs 범죄와의 전쟁

*

언제부터인가 세계 각국의 지도자들이 '범죄 소탕'이라는 표현 대신 '범죄와의 전쟁'이라는 표현을 쓰고 있다. 범죄를 퇴치하기 위한 강력한 의지를 천명하기에 매우 적절한 표현으로 간주된다. 하지만 그 안에는 매우 위험한 관점도 내포되어 있다. 본래 '범죄'는 단속, 체포, 수사, 재판, 처벌 등의 개념들과 서로 연결되어 하나의 개념군을 이루고 있다. 따라서 '범죄'가 이들 개념들과 결합하는 것은 자연스럽다. 그런데 범죄가 '전쟁'과 결합하면 '전쟁'의 관점이 끼어들게 되고 이는 그것과 연결되어 있는 선전포고, 적, 전투, 살상, 승리·패배, 조약 등의 개념군을 활성화하여 범법자를 재판 없이 살상할 수 있다는 생각을 무의식적으로 하게 만든다. 즉 범죄를 '전쟁'과 결합시키면 '범법자'를 '적'의 관점에서 바라보는 프레임을 도입하게 된다. 이처럼 새로운 개념군에 속하는 어휘를 결합하면 새로운 관점이 도입된다.

소련의 스탈린은 자신의 뜻에 조금이라도 동조하지 않는 사람이라면 그 누구든 혹독한 탄압을 가하였다. 1,710,000명을 구속했고 최소한 1,440,000명을 형벌에 처했으며 이 중 724,000명을 사형에 처했다. 그는 국민적 저항을 불러일으키지 않고 어떻게 이토록 많은 사람을 처단할 수 있었을까? 그것은 그가 만든 기막힌 언어 덕분이다. 그는 자신의 정적政敵을 단순히 범법자로 부르지 않고 '인민의 적ВРаг народ'이라고 불렀다. 따라서 '스탈린'의 적이 아니라 '인민'의 적이라는 점을 내세워 인민의 공분을 사게 했고, 또한 단순히 법을 어긴 사람이 아니라 '적'이라는 점을 내세워 자연스럽게 '전쟁'의 개념군을 활성화하여 전쟁의 프레임을 형성시켰다. 이로써 국민들은 그들에 대한 처형을 정당한 행위로 받아들이게 된 것이다.

이외에도 스탈린은 자신이 행하는 모든 행위를 '혁명', '계급투쟁', '프롤레타리아 독재', '사회주의 조국' 등의 언어로 정당화하였다. 그 결과, 이의를 제기하는 사람에 대해 곧바로 '반동'으로 몰 수 있었다.

2004년 미국 대통령 선거에서 조지 부시를 재선시키기 위해 노력하던 공화당원들은 2003년에 시작한 이라크 전쟁 때문에 고전하고 있었다. 왜냐하면 '이라크 전쟁Iraq war'이라는 말은 남의 나라에서 우리의 젊은이들이 피를 흘리는 전쟁이라는 관념을 불러일으켰기 때문이다. 따라서 그들은 이 용어를 사용하는 대신 '테러와의 전쟁war on terror'이라는 용어로 바꾸어 선거에 임했다. 이는 우리를 위협하는 테러 세력과의 전쟁이라는 관점으로 사람들을 유도했기 때문에 그 전쟁을 정당화하여 선거의 판세를 뒤집을 수 있었다.

이상에서 본 것처럼 단어의 특정한 결합은 새로운 개념군을 활성화함으로써 새로운 프레임을 끌어들여 사람들의 마음을 움직일 수 있다.

5. 두 가지 관점으로 딜레마에 빠뜨리는 사고
: 이분법적 사고

'네/아니요' 딜레마

＊

나는 언젠가 경찰관 채용 과정에 면접관으로 참여한 적이 있다. 그 면접에서 모든 지원자들에게 경찰이 추구해야 할 최고의 가치를 묻고 그것을 선택한 이유도 함께 설명하게 했다. 많은 지원자들이 '공정, 정의, 인권, 청렴, 정직, 성실, 봉사, 신뢰, 친절, 안전' 등의 가치를 선택했는데, 이 가운데서도 '청렴'을 꼽은 지원자들은 곤욕을 치렀다. 다음과 같은 식으로 인터뷰가 진행되었기 때문이다.

> Q : 현 시점에서 경찰이 추구해야 할 최고의 가치는 무엇이라
>   생각합니까?
> A : 청렴입니다.
> Q : 그럼 경찰이 부패해 있다는 말인가요?
> A : ??

모든 지원자들이 제대로 답변하지 못하고 쩔쩔맸는데 보기가 안타까웠다. 여기서 지원자들은 '네-아니요 딜레마Yes-No Dilemma'에 빠져 '네'라고도 '아니요'라고도 할 수 없었다. '네'라고 하면 경찰이 부패해 있다는 것을 인정하게 되는데, 그렇게 되면 '그럼 왜 당신은 부패한 조직

에 들어오려 하는가?'라는 후속 질문에 답변할 길이 막막해지고, '아니요'라고 하면 '그럼 왜 당신은 경찰이 청렴을 추구해야 한다고 생각하는가?'라는 답하기 곤란한 질문을 받게 되었던 것이다.

이것은 지원자들이 이분법적 사고에 빠져 있기 때문이다. 이분법적 사고는 '흑백논리'라고도 하는데, 어느 한쪽을 부정하면 저절로 다른 한쪽을 긍정하게 되는 논리다. 누구나 종종 이런 논리에 빠지게 되는데, 이렇게 되면 항상 한쪽의 긍정이 다른 쪽을 부정하게 되고, 한쪽의 부성이 다른 쪽을 긍정하게 된다. 오로지 두 가지의 관점으로 세상을 바라볼 수밖에 없게 되는 것이다.

예를 들어 A가 진보적인 사고를 가지고 있는 사람인데 B가 A를 좋아하지 않는 눈치를 보인다면, 우리는 흔히 B가 보수주의자라고 생각하게 된다. 사실 A가 중도주의자일 가능성이 있는데도 우리는 이처럼 이분법적 사고에 기반을 둔 관점으로 B를 바라보는 것이다. 어떤 이들은 너무 강력한 이분법 사고에 빠져 이런 식의 적대감을 드러내기도 한다. "너 A 아니야? 그럼 B로군. 너는 나쁜 놈이야"라며. 사실 극단의 보수주의자들이 진보주의자들을 '빨갱이'라고 부르는 것도 바로 이 이분법 때문이다. 세상을 두 부류의 집단으로 나누고, 자기 생각에 동의하지 않으면 무작정 공산주의자로 보는 것이다.

이렇듯 인간은 많은 경우 이분법적 사고를 갖고 있는데 이것이 언어에도 그대로 반영된다. "그 여자 어때?"라는 질문에 "안 예뻐"라고 답한다면 무슨 뜻이 담겨 있을까? '예쁘다'의 부정이므로 논리적으로는 예쁘지도 않고 못생기지도 않은 상태를 나타낼 수 있지만, 실제 언어생활에서는 못생겼다는 뜻이 된다. 그러니까 논리적으로는 다양한 해석이 가능한 상황임에도 불구하고 우리는 너무나도 쉽게 '예쁘다' 아니면 '못생겼다'는 이분법적 사고로 판단하게 된다.

　'나는 그 사람 좋아하지 않아'라는 말도 마찬가지다. 논리적으로는 좋아하지도 싫어하지도 않는다는 해석이 가능함에도 불구하고, 실제 우리의 언어생활에서는 이 해석이 배제되고 오직 '싫어한다'라는 뜻으로만 쓰이는 것이다. 영어의 'Not bad'도 직역하면 '나쁘지 않다'라는 뜻이지만 실상은 (좋지도 나쁘지도 않다는 뜻은 배제되고) '꽤 좋다'는 뜻으로만 쓰이는데 이 또한 이분법적 사고의 예라 할 수 있다.

'위대한 보통사람'의 시대

*

　정치권에서는 인간의 이분법적 사고를 선거 전략으로 활용하는 경우가 많다. 가령 노태우 전 대통령은 대선 후보 당시 '위대한 보통사람의 시대'라는 슬로건을 채택했다. 이는 '과거의 시대는 특권층을 위한 정치를 폈다'라는 전제 하에 '나는 중산층과 서민을 대변할 것이다'라는 함축적 의미를 불러일으키는 효과를 내었다. 이런 함축이 가능한 것은 세상 사람들을 '보통사람'과 '특권층'이라는 두 개의 계층으로만 나누는 이분법적 사고가 작동되기 때문이다.

프랑스에서도 프랑수아 올랑드^{François Hollande} 전 대통령은 '정상적인 대통령^{un Président normal}'이라는 선거구호를 내세웠는데, 여기에는 이전의 대통령이 비정상적이었다는 전제를 도입하면서 국민은 정상적인 대통령을 원하고 있고 자신이 바로 정상적인 대통령이 될 사람이라는 메시지가 함축되어 있었다. 이 역시 정상과 비정상으로의 이분법적 사고에 기반을 둔 전략이었다.

이분법적 사고는 많은 기업들이 마케팅 전략으로도 활용한다. 보험상품 판매원은 고객에게 전화를 걸어 "새 상품을 소개합니다. 가입하세요"라고 말하는 대신, "선생님은 우수고객으로 선정되었습니다"라고 말한다. 이 말은 '본사는 우수고객을 선정하여 혜택을 주고 있는데, 이 상품은 고객에게 이익이다. 우리가 그 혜택을 당신에게 주려 한다. 그러니 당신은 가입하는 것이 당연하다'라는 사고를 불러일으킨다. 이 같은 보험상품 판매원의 너스레는 우리를 이분법적 사고로 몰아넣는다. 고객을 우수고객과 그렇지 않은 고객으로 구분하고 모든 상품을 이익과 손해의 관점으로 보게 하니까 말이다.

물론 이런 말에 걸려들 사람은 요즘 세상에 별로 없다. 이미 많이 노출된 전략이기 때문이기도 하지만 이처럼 개인의 이익이 걸린 경우에는 사람들이 이 같은 암묵적 함축을 비교적 잘 파악하기 때문이다.

그러나 개인의 이익이 걸리지 않은 이데올로기적 담화에서는 이를 쉬이 인지하지 못한다. 그래서 많은 정치 전략이 이분법적 사고를 이용하는 것이다. "우리 당은 정직합니다!" 이렇게 말하면 은연중에 '상대당은 정직하지 않다'는 느낌을 준다. "안정이냐 혼란이냐?" 같은 정치 구호는 흑백논리를 이용하여 우리에게 오직 두 개의 선택지밖에 없다는 생각을 불러일으킨다.

이 슬로건은 안정된 삶을 보장해주는 정치세력과 혼란으로 이끄는 세력이 있음을 전제하고 다음과 같은 메시지를 함축한다.

첫째, 안정된 삶을 보장해주는 정치세력은 자신들이라는 것.

둘째, 자기들과 대치하고 있는 세력은 반대로 혼란으로 이끄는 세력이라는 것.

셋째, 안정을 추구하는 세력이 지금 혼란을 야기하는 세력의 위협에 직면해 있다는 점.

넷째, (안정이란 반드시 지켜야 하는 소중한 것이므로) 자신들을 선택해달라는 점.

아주 짧은 한 문장인데도 굉장히 많은 의미를 전달하고 있는 것이다.

보수진영에서 흔히 제기하는 '자유민주주의 수호', '자유세계의 수호' 같은 구호들은 자유민주주의와 인민(사회)민주주의의 이분법 하에서 맞은편 당이 사회주의 내지 공산주의 세력이거나 혹은 그런 세력과 연계되어 있는 세력이라는 주장을 은연중에 함축한다.

한편 정치권에서는 앞서 다룬 이데올로기 배경어를 이분법과 결합시키는 전략들도 많이 써먹는다. 우선 두 용어를 대립시켜 하나에는 긍정적 의미를, 다른 하나에는 부정적 의미를 부여하는 방식이 있다. 즉 동일한 대상에 대해 다른 용어를 사용하는 전략이다. 자유진영에서는 '자유세계'와 '전체주의 국가'로 부르는 대상들을 공산진영에서는 '미 제국주의'와 '사회주의 국가'로 부른다. 또 자유진영에서는 '선진 자유주의'와 '집단주의'의 대립을 공산진영에서는 '독점자본주의'와 '민주주의'의 대립으로 부른다. 동일한 대상을 가리키는 서로 다른 용어에 대해, 사람들은 그 하나하나가 동일 대상을 가리킨다는 사실을 잘 느끼지 못한다.

우리나라에서도 극우 진영에서 모든 정치 진영을 '자유민주주의'와 '종북좌파'로 이분화하는데, 이를 극좌진영에서는 '꼴통보수'와 '진보주의자'로 부르고 있지 않은가!

또 하나의 전략은 자기 측은 국민으로, 다른 측은 집단으로 취급하는 것이다. 가령 이스라엘의 경우 자국인은 '이스라엘인(국민)'이라고 부르는 반면 팔레스타인 국민은 '아랍인(집단)'이라고 부른다. 반대로 팔레스타인은 이스라엘인들을 '시오니스트Zionists'로 부른다. 이는 점령과 정복 외에는 일체감이 없는 민족이라는 의미를 함축하고 있다.

캐나다의 경우를 볼까? 독립을 원하는 퀘벡주민은 스스로를 '퀘벡인Quebecker'이라고 칭하는 반면, 캐나다를 조국으로 인정하는 연방주의자들은 '프랑스어권 캐나다인French Canadian'이라고 부른다. [18]

6. 은유도 알고보면 개념화
: 은유

마음은 그릇 속 액체

*

우리는 은유_{metaphor}를 보통 두 사물 간의 유사성에 근거한 장식적 장치라는 수사법 정도로 생각한다. 예컨대 '내 가슴 속에 박힌 시커먼 못 하나'라는 표현에서 '못'은 '근심'을 보다 생생하게 나타내는 은유로 보는 것이다.

그러나 인지언어학에서는 은유가 세상에 대한 기본적 개념화 방식이며, 우리의 사고는 대부분 개념적 은유로 이루어진다고 한다. 개념적 은유란 추상적이고 비감각적인 경험의 영역들을 친숙하고 구체적인 방식으로 개념화해줄 수 있는 수단을 가리킨다.

예를 들어 '마음'은 추상적인 영역에 속하는 대상이어서 우리가 직접 체험할 수 있는 것보다 구체적 영역인 '그릇 속의 액체'로 개념화하여 이해한다. 이런 개념화는 정성을 '쏟다', 사랑이 '넘치다', 사랑이 '식다', 사랑에 '빠지다', 분노로 '출렁이다', 마음이 '가라앉다'와 같은 표현을 통해 확인할 수 있다. 이때 표현하고자 하는 영역('마음')을 목표영역이라 하고 표현수단이 되는 구체적 영역('그릇 속 액체')을 근원영역이라 하는데, 목표영역에 새로운 영역인 근원영역이 도입됨으로 인해 새로운 관점이 우리의 사고에 들어서게 된다.

"우리의 아들들을 전쟁터에 내보낸다!" 같은 표현을 종종 봤을 것이다. 군대의 해외 파병에 반대하는 사람들이 '군인'이라는 단어 대신에 '아들'이라는 단어를 이용하는 경우다. 우리 국민은 피를 나눈 가족과 같다는 관점을 도입하는 효과를 내기 때문이다. 종교단체나 노조 등에서 신도와 조합원을 '형제', '자매'로 부르는 것도 마찬가지 이유에서다. 집단을 피를 나눈 가족의 관점으로 접근하게 하는 것이다.

미국의 조지 W. 부시 대통령 내각에서 국방부장관을 지낸 도널드 럼스펠드Donald Rumsfeld는 이렇게 말한 적이 있다. "그들의 늪을 말려버려야 한다!" 이 은유는 국민들로 하여금 테러리스트들을 인간이 아니라 뱀과 같은 사악한 존재로 보게 만들고 있다. 그는 또 이런 표현도 썼다. "입구에 연기를 피워 그들을 구멍에서 나오게 하겠다." 그것은 '두더지 같은 놈들'보다 수준 높은 비유다.[19]

한편 위에서 언급한 부시 대통령은 이렇게 말했다. "우리가 미국을 방어하는 데 부모동의서는 필요 없습니다." '부모동의서'라는 단어를 통해 미국 국민은 초등학생이 아니라 성인이므로 다른 나라의 눈치를 보지 않고 결정을 내려야 한다는 관점을 도입한 것이다.[20]

우리는 흔히 '우울증은 마음의 감기'라고들 하는데, 이는 누구나 걸릴 수 있는 가벼운 병이라는 인상을 준다. 우울증에 걸린 사람을 위로하는 데 도움을 주기는 하지만, 자살에 이를 수 있는 심각성을 간과하게 만들기도 하는 표현이다.

　이처럼 은유의 사용은 우리를 목표영역이라는 새로운 영역에 들어가도록 만듦으로써 새로운 관점을 갖도록 한다.

KEY POINT

우리는 지금까지 프레임의 원인이 되는 관점들이 어떻게 도입되는지를 살펴보았다.

1. 본질적 관점어

어떤 말은 본질적으로 사람들에게 긍정적 관점과 부정적 관점을 유발한다. '공'과 '사', '도입'과 '매각', '미래'와 '과거', '장기적인 것'과 '일시적인 것', '실천'과 '선언' 등에서 앞의 것은 긍정적, 뒤의 것은 부정적인 관점으로 접근하게 한다.

2. 대표의미 효과

어휘의 의미요소들 가운데 대표적인 것이 전체 의미를 지배하여 그러한 관점으로 대상을 바라보게 한다. '남자', '여자', '학생', '학교' 등의 경우 각각의 대표의미가 관점을 생성한다.

3. 이데올로기 배경어

어떤 단어들은 이데올로기를 그 안에 담고 있어 그 단어를 듣는 순간 그 이데올로기의 관점으로 대상을 바라보게 만든다.

'스승', '가장家長', '광주민주화운동' 등에서 그 예를 볼 수 있다.

4. 개념군에 의한 관점 도입

어떤 단어가 활성화하는 개념군이 그로부터 연유되는 연상 기억, 감정, 고정관념 등을 불러일으켜 관점을 만들게 된다. '범죄와의 전쟁', '인민의 적' 등으로 국민의 의식을 지배했던 예를 생각하면 되겠다.

5. 이분법적 사고에 의한 관점 도입

때로는 세상을 두 개념의 대립으로 보는 이분법적 사고(흑백논리)가 관점을 도입하기도 한다. 한쪽이 아니면 다른 쪽이라는 식으로 대상을 바라보게 만드는 것이다.

6. 은유에 의한 관점 도입

은유는 목표영역이라는 새로운 영역의 관념을 불러일으킴으로써 새로운 관점을 도입한다.

이상과 같은 현상들로 인해 어떤 문제에 대해 자신도 모르게 특정한 관점이 도입되어 프레임을 형성하고 이것이 사고를 이끌게 된다.

제 3 장

생각의 근원을 꿰뚫어보는 프레임

우리는 앞 장에서 사고를 시작하게 만드는 첫 관문인 관점이 어떻게 도입되는가를 살펴보았다. 관점의 안내에 의해 사고의 기본 틀, 즉 프레임이 형성되는데, 일단 프레임이 형성되면 곧바로 우리의 사고는 그 대부분이 결정된다. 왜냐하면 우리의 사고가 (가이드라인의 역할을 하는) 그 틀을 벗어나지 못하고 그 안에서만 맴돌기 때문이다. 그렇다면 프레임 내에서 이루어지는 사고는 이후 어떤 원리에 의해 작동될까? 그것은 논리일까?

오랫동안 서양 사회를 지배해온 합리주의는 인간의 사고가 논리적으로 이루어진다고 가르친다. 그리고 이렇게 교육을 받은 우리 대부분은 이를 믿고 있다. 이성적으로 타당할 때 동기를 유발시킬 수 있다고 배워왔기 때문이다. 이런 이론에 따르면 사람들을 설득하기 위해서는 논리적으로 증명하면 될 일이다. 하지만 논증으로 상대를 설득하기란 결코 쉽지 않음을 우리는 수많은 경험을 통해 잘 알고 있다. 따라서 상대를 설득하려면 논리적으로 증명하려고 덤빌 것이 아니라 상대의 프레임을 활성화시켜야 하는데, 그러려면 먼저 그 프레임을 활성화할 수 있는 언어를 사용해야 한다.

1. 나의 사고는 정말 합리적인가

합리주의에서는 모든 인간은 선천적으로 이성理性을 가지고 태어나며 그 이성이 보편적인 것이므로 기본적으로 인간의 사고가 합리적이라고 간주한다. 여기서 '합리合理'란 이성에 부합한다는 뜻이다. 정말일까? 인간의 사고는 과연 합리적일까?

왜 고전경제학 이론들은 맞지 않을까?

*

고전경제학은 사람들이 자신의 이익을 극대화하기 위해 합리적으로 소비한다는 가정 하에 연구한다. 하지만 현대의 많은 심리학과 인지과학의 연구를 통해 이 가정은 틀렸음이 드러났다. 소비자들은 자신의 여러 가지 고정관념과 신념에 기반을 두고 움직인다. 대표적인 몇 가지 경우를 살펴보자.

우선 '편승便乘하는 소비' 경향을 들 수 있다. 옆집 주부가 사면 나도 사야 한다든가, 연예인이나 유명인이 구매하면 나도 구매하는 경향이다. 상품의 구매 필요성, 기능 등은 전혀 고려되지 않는 매우 비합리적인 구매 결정이다. 이는 '밴드왜건 효과bandwagon effect'로도 알려져 있다. 미국에서 서커스 공연을 하거나 퍼레이드를 할 때 맨 앞에 악대가 탄 마차(밴드왜건)를 앞세워 사람들의 주목을 먼저 끄는 경우가 많았는데,

이 악대 마차를 보려고 많은 사람들이 뒤따르는 것을 가리켜 하비 라이번스타인Harvey Leibenstein이 그렇게 이름 붙였다. 제품의 기능은 잘 모르면서 다른 많은 사람들이 선택했다는 이유만으로 구입을 결정하는 일종의 모방심리로, 뒤쳐지지 않으려는 심리, 집단에 소속되어 안정감을 느끼려는 동기가 그 원인이다.

주식시장에서 인기를 끄는 특정 주식에 대한 소위 '묻지마 투자'도 이 밴드왜건 효과를 보여준다. 한때 초·중·고 학생들 사이에 광풍처럼 몰아쳤던 '노스페이스' 패딩 붐도 마찬가지다.

비합리적 소비의 또 다른 패턴은 '과시적 소비'다. 고전경제학 이론의 기본 원칙 가운데 하나인 수요와 가격의 반비례 관계도 명품 소비 앞에서는 맥없이 무너진다. 고가 사치품의 경우 비쌀수록 오히려 수요는 더 커진다. 전혀 필요 없는 기능들로 가득한 전자제품이나 자동차도 없어서 못 파는 경우가 많다. 이처럼 자신이 남들보다 더 낫다는 걸 과시하려는 심리에 의해 고가품을 구매하는 현상을 '베블런 효과Veblen effect'라고 한다.[21] 그 현상을 지적한 미국 경제학자 쏘스타인 베블런Thorstein Veblen의 이름을 딴 것이다. 진화심리학에서는 남성이 과시적으로 명품을 소비하는 것을 보다 나은 배우자를 획득하기 위한 동기로 설명한다.

밴드왜건 효과와 베블런 효과로 명명된 편승적 소비와 과시적 소비는 인간의 내면에 있는 동조심리와 개성주의라는 두 개의 모순적 사고

패턴을 보여주는 예이지만, 둘 다 결코 합리적이지 않은 경제활동의 모습을 보여주는 사례라 할 수 있다.

패션에서도 동일한 사고 패턴을 발견할 수 있는데, 노르웨이 철학자 라스 스벤젠Lars Svendsen의 다음과 같은 이야기를 들어보자.

> 패션은 항상 두 개의 상반적인 요소를 포함하고 있다. 하나는 패션을 통해 자기 자신을 보여준다는 것, 다른 하나는 동시에 특정 집단의 구성원으로서의 자신을 보여준다는 점이다. 이러한 맥락에서 봤을 때 패션 아이템을 몸에 걸친다는 것은 개인주의와 순응주의를 동시에 포함하고 표현한다는 점에서 가히 '걸어 다니는 역설walking paradox'이라고 할 수 있다.

이처럼 경제활동에 있어서 사람들이 취하는 비합리적 행동들을 보고 대니얼 카너먼Daniel Kahneman은 고전경제학의 합리주의라는 가정을 폐기하고 인간의 실제 행동을 연구하여, 사람들이 어떻게 행동하고 그로 인해 어떤 결과가 발생하는지를 규명하기 위한 행동경제학behavioral economics을 주창하였다.

한편 합리주의는 정치 분야에서도 왜 투표 결과가 관련된 정치적 사건들과 일치하지 않는가 하는 의문에 대해서도 속 시원한 답변을 주지 못한다.

"나는 생각한다. 그러므로 나는 존재한다." 정말?

*

합리주의는 주장한다. 인간의 사고가 논리적으로 이루어진다고. 그렇다면 논증을 통해서 모든 것이 가려질 것이다. 그러나 논증으로 상대를 설득하기는 쉽지 않다는 사실을 우리는 경험을 통해 너무나 잘 알고 있다. 왜 그럴까?

합리주의의 창시자인 데카르트René Descartes는 말했다.

"나는 생각한다, 그러므로 나는 존재한다."

이 말은, 의심할 수 있는 것을 다 의심해도 결코 의심할 수 없는 것이 있는데, 그것은 바로 내가 생각한다는 사실 자체라는 것이다. 그만큼 생각한다는 것이 나의 본질임을 강조한 말이다.

이처럼 합리주의는 우리의 사고가 온전히 의식에 바탕을 두고 있다고 가정하고 있으나, 프로이드에 의해 인간의 사고는 무의식이 절대적인 비중을 차지하고 있다는 사실이 밝혀졌다. 그리고 많은 인지과학자와 심리학자들은 인간이 의식적으로 논리를 따지고 판단하는 경우는 약 2%에 불과하다고 한다. '나는 생각한다'라는 데카르트의 명제에서 '생각하는' 활동은 자기가 생각한다는 사실을 의식하는 경우이다. 하지만 대부분의 경우 우리는 많은 생각을 하고 있으면서도 내가 생각하고 있다는 것을 의식하지는 못한다. 대부분의 생각이 무의식적으로 이루어지고 있다는 얘기다. 프레임은 의식이 아니라 무의식적으로 형성되는 것이다. 그리고 무의식은 온갖 비합리적인 경험과 고정관념, 신념, 가치들로 구성된다.

물론 우리는 명료한 의식을 갖고 논리적으로 따져가면서 생각을 한다. 하지만 그것은 무의식적으로 프레임이 형성된 이후의 일이고 논리적 사고라는 것도 그 틀 안에서만 이루어진다. 요컨대 합리주의는 우리의 사고가 이성이 아니라 프레임에 의해 형성된다는 사실을 간과한 것이다.

인간은 프레임에 기반을 두고 생각하도록 프로그램 되어 있다. 요컨대 프레임이 형성되고 활성화되어야 그 안에서 사고가 일어난다. 인간은 주어진 사실이나 상대의 주장이 자신의 프레임 안에 들어와서 잘 부합하지 않으면 그것을 잘 이해하지 못한다. 설사 억지로 이해했다 하더라도 그것을 곧 망각하거나 별로 중요하지 않은 문제라고 간주하기까지 한다. 그래서 내가 프레임을 명확하게 설정하지 않고 말을 하면 상대가 잘 이해하지 못하게 되고 잘 기억하지도 못하게 된다. 말을 많이 한다고 좋은 것이 아니고 명확하게 사고의 틀을 만들어 그 안에 내용을 담아야 한다.

결론을 내려보자.

합리주의의 오류는 사고가 프레임에 의해 형성된다는 사실을 보지 못한 점과, 이 프레임이 무의식적(직관적)으로 형성된다는 점을 보지 못한 것이다. 그렇다면 우리의 무의식은 무엇으로 구성되어 있을까? 그것은 오랜 시간 동안 구축된 고정관념들과 다양한 감정적 경험들로 이루어져 있다.

다음 절에서 보도록 하자.

2. 내 생각의 바탕은 무엇으로 형성되나

우리의 사고는 결코 논리적으로 이루어지지 않음을 보았다. 그렇다면 우리 사고의 기반은 도대체 무엇인가? 마냥 비합리적인 것이고 따라서 아무런 원칙도 없이 그때마다 달라지는 것일 뿐인가? 제멋대로여서 결코 예측할 수 없는 변화무쌍한 것인가? 그렇지는 않다. 인간의 생각은 분명한 원칙에 입각하여 작동한다. 놀랍게도 그것은 개인적으로 옳다고 믿는 신념과 각자가 일시적으로 겪는 감정이다. 하나하나 살펴보자.

1) 나에게는 신념 ; 남이 보면 편견

이란에 습지가 있다니?

*

람사르 협약Ramsar Convention. 우리나라가 2008년 경남 창원에서 총회를 유치한 이후 이 생소했던 협약은 우리에게도 친숙해졌다. 이는 습지를 보존하고 지속가능한 이용을 목적으로 체결한 국제 협약으로, 람사르에서 체결되었기 때문에 그런 이름으로 불린다. 그런데 람사르가 어디 있는지를 아는 사람은 드물다. 람사르는 이란에 있다. "아니 어떻게 이란에 습지가 있지?" 하고 놀라는 사람이 많을 것이다. 우리에게 이란은 산악이나 사막의 이미지로 각인되어 있으니 무리도 아니다. 그건 우리의 선입견일 뿐이다.

이처럼 어떤 대상에 대하여 이미 마음속에 가지고 있는 관념을 '선입견'이라 한다. 이 선입견들 가운데 너무나 기반이 확고한 나머지 여간해서는 변하지 않는 관념을 '고정관념stereotype'이라 한다. 우리는 어떤 것을 생각할 때 이미 그에 대해 사전에 가지고 있는 고정관념을 통해 사고하는 경향이 있다. 고정관념은 무의식이 되어 사고의 틀, 즉 프레임을 구성하며, 나의 사고 자체를 일정한 방식에 따라 이루어지게끔 구속한다.

고정관념에는 좋은 것도 있고 나쁜 것도 있다. 고정관념 중에서 남들이 볼 때 한쪽으로 치우친, 그래서 잘못된 것을 '편견'이라 부른다.[22]

반대로 자신이 옳다고 믿는 확고한 관념은 '신념'이라 일컬어진다. 즉 신념은 믿음과 결합하여 더욱 강화된 고정관념이다. 이 신념 가운데 특정 집단에 의해 함께 신봉되고 그 집단이 따르는 권력에 봉사하게 될 경우, 이를 우리는 '이데올로기'라고 부른다.

고정관념은 남이 보기에는 편견이지만 나에게는 신념이다. 따라서 편견과 신념은 어찌 보면 동의어이다. 자신에게는 편견까지도 신념이므로 이제부터는 모든 고정관념을 신념이라 부르기로 한다.

몇 번을 가르쳐줘도 상대방이 과거의 생각을 고집하는 모습을 경험했을 것이다. 왜 그럴까? 그의 처음 생각이 이미 신념으로 변해 있기 때문이다. 이처럼 어떤 문제에 대해 사람들 사이에 생각이 다른 것은 논리적 사고의 차이 때문이 아니라, 그 문제에 대해 각자가 적용하는 신념과 이 신념이 형성하는 프레임이 다르기 때문이다.

물론 프레임은 일시적으로 형성되기도 한다. 가령 병원에서 3층 입원실에 가려고 엘리베이터를 타려고 할 때, 사람이 많아 꽉 찬 엘리베이터를 두 번이나 그냥 보낸 다음에야 계단으로 가면 된다는 생각이 날 때가 있다. 이것은 다른 사람들처럼 엘리베이터를 타야 한다는 프레임에 빠져서 다른 방법으로 이동할 수 있다는 생각을 하지 못하게 되기 때문이다. 그러나 신념은 심층적인 프레임으로서, 시간이 지나도 스스로는 다른 생각을 하지 못하게 만든다.

그렇다면 신념은 왜, 어떻게 생겨났을까? 신념은 진화론적 관점에서 어떤 이점이 있기에 인간에게 형성되었을까? 그것은 아마 빠른 판단 및 결정에 도움을 주기 때문일 것이다. 신념이 있음으로 해서 매 결정의 순간마다 일일이 처음부터 다시 숙고할 필요가 없이 신속한 판단을 내릴 수 있고, 또 그렇게 함으로써 심리적으로도 편안함을 유지할 수 있을 테니까. 신념은 내가 사고하기 전에 먼저 작동하는 기본적 사고, 즉 자동으로 처리되는 무의식적 사고, 수학의 공리公理처럼 증명이 없이 자명한 진리로 인정되는 것, 사고에 전제된 사고이기 때문이다.

신념이 몰고 오는 부작용

＊

그러나 이러한 기제에는 부작용도 있다. 신념은 자신과 배치되는 새로운 정보, 지식을 받아들이기 어렵게 한다는 점이다. 자신이 기존에 가지고 있던 믿음과 배치되는 정보나 지식을 새로 마주했을 때 우리는 심리적으로 불편한 감정을 겪게 되는데, 이를 심리학에서 '인지부조화'라 한다. 이 불편함을 해소하기 위해서 그 둘 가운데 한쪽을 취하게 되는데, 대개는 기존의 믿음을 유지하는 쪽을 택한다. 프란시스 베이컨이 말했듯이, 인간은 참된 것보다 자신이 원하는 것을 쉽게 믿어 버리는 것이다. 여러 정보 중 자기가 믿고 싶은 정보만 선택하려는 이 같은 경향을 '확증편향確證偏向, Confirmation bias'이라 하는데, 원래 가지고 있는 생각이나 신념을 취하는 것이 새롭게 주어진 것을 조사하고 확인하는 것보다 더욱 편하고 쉽기 때문이다. 확증편향은 간단히 말해 익숙한 게 편하기 때문에 생기는 경향인데 인간에게는 너무나 당연한 것이라 할 수 있다.

이처럼 일단 형성된 신념은 잘 바뀌지 않는다. 이미 마음속에 자리 잡은 신념은 여간해서는 흔들리지 않는다. 토론을 해도 달라지지 않는다. 우리는 수많은 토론회를 보아왔지만 마지막에 자신의 신념을 양보하는 모습은 거의 본 적이 없다. 예를 들어 사형제도 폐지라든가 무상급식에 관한 토론의 결과, 자신의 주장을 내려놓고 상대방의 의견을 지지하는 것은 본 기억이 없다. 또 상대가 여러 사례를 통해 학교에서 체벌로 인한 문제가 많음을 지적해도, 그것이 만일 자신의 신념에 반한다면 "음… 그래도 애들은 때려서 키워야 해" 하면서 고개를 젓는 사람들을 우리는 흔히 본다.

신념은 자존심

*

인지부조화가 와도 신념을 버리지 않는 데에는 확증편향 외에 또 다른 이유가 있다. 그것은 자존심이다. 나의 신념은 하도 오랜 기간 동안 내 마음속 깊은 곳에 뿌리를 내려서 나의 가치관과 동의어가 된다. 그리고는 급기야 나 자신과 동의어가 되어, 나의 자존심과 자부심이 되기도 한다. 남의 압력에 의해 그것을 버리게 되면 수치심이 들어서 버리지 못하는 존재가 된 것이다. 나의 신념이 상대방에 의해 부인되면 자존심이 상한다. 그냥 남의 생각이라고 하면 될 터인데, 그게 안 되고 내 신념의 부정이라고 생각하는 것이다.

친구와 쉽게 멀어지게 만드는 화제가 종교와 정치라는 말이 있다. 이 두 가지는 사람이 가지는 많은 생각들 가운데 가장 바꾸기가 힘든 '신념'과 관련 있기 때문이다.

과거의 무상 급식 논쟁에서 '무상'을 얻어먹는다는 관점에서 접근하여 "내 아이는 내 능력으로 밥 먹일 수 있다. 아무리 없이 살아도 우리가 무슨 거지냐?" 하면서 무상급식을 모욕으로 받아들이는 사람들이 있었다. 동성결혼도 마찬가지다. 실제 동성결혼으로 피해를 보는 사람은 없는데도 이에 대해 격렬하게 반대하는 사람들이 있다. 이는 동성결혼을 전통적인 결혼제도라는 가치에 대한 공격으로 받아들이고, 나아가 그러한 가치의 유지를 신념으로 갖고 있는 자신에 대한 공격으로 간주하기 때문이다.

진실이 우리를 자유롭게 하리라? 천만에!

*

조금 전에 우리는 인지부조화와 확증편향에 대해 이야기했다. 그런데 만일 새로운 정보와 기존의 믿음 간의 부조화 정도가 아니라, 단순히 어떤 것에 관한 의견을 주고받는 차원을 넘어서서, 새롭게 주어진 정보가 참이고 내가 지금까지 믿어왔던 것이 완전히 틀렸다고 판명된다면 우리는 어떤 상태에 놓이게 될까? 아마도 엄청난 충격이 될 것이다. 그런데 그처럼 커다란 충격 앞에서조차 우리는 보통 어떤 선택을 하는가? 지금까지의 오해를 인정하고 새로운 정보를 받아들이는가? 아니, 자신의 정체성과 자존심이 걸려 있는 문제이기 때문에 결코 그렇게 하지 않는다.

예컨대 내가 믿고 지지해온 사람이 사실은 우리의 정신을 부정하고 우리의 이익을 저해하는 사람으로 밝혀졌을 때, 우리는 대개 이렇게 반응한다. 우선 "그럴 리가 있나? 뭔가 착오가 있을 거야." 그러다가 움직일 수 없는 결정적인 증거가 제시되어도 "아냐, 그 사람이 그런 말을 했다면 필시 그럴 만한 이유가 있겠지", 그러다 더 이상 고집을 피울 수 없게 되면 조금 물러나서 "좋은 의도로 말했는데 본래의 뜻이 와전된 것일 거야" 혹은 "본래는 그런 의도가 아니었는데 좀 과장하다보니 그런 말을 하게 되었을 거야" 하면서 여전히 그 사람을 비호한다. 우리가 흔히 경험하는 자기합리화다.

레이코프는 이렇게 말한다. "진리가 우리를 자유롭게 할 것이다? 사람은 기본적으로 합리적인 존재이므로, 진실을 알려주면 옳은 결정을 내릴 것이니까? 천만에, 그렇지 않다. 진실이 받아들여지려면 프레임에 부합해야 한다. 진실이 프레임에 부합하지 않으면 프레임은 남고 진실이 버려진다." 이라크전의 구실이었던 대량살상무기가 존재하지 않았다는 사실이 드러났음에도 불구하고 이라크전쟁에 대한 정당화 프레임은 여전히 작동했다. '악한 세력에 대한 응징, 보복이 정의'라는 프레임이 이라크전쟁으로 인해 (테러리스트가 아닌) 수많은 이라크 양민이 죽고 다쳤다는 사실을 은폐한다. 심지어 재판에서 유죄 판결을 받은 사건조차 일부 지지자들은 옹호한다. 우리나라에서도 황우석 교수의 실험이 날조였음이 밝혀졌음에도 불구하고 여전히 그에 대한 지지를 철회하지 않는 골수지지자들이 있지 않은가? 신념화된 프레임에 한번 빠지면 이로부터 좀처럼 헤어나지 못함을 잘 보여주는 사례라 할 것이다.

가치와 이익, 어느 쪽이 강할까?

*

우리는 지금까지, 관점의 안내에 의해 사고의 기본 틀(프레임)이 형성되고, 이후 그 안에서 이루어지는 사고는 신념을 기반으로 형성된다는 점을 보았다. 여기서 한 가지만 짚고 넘어가자. 돈이나 이권처럼 우리가 항상 의식적으로 추구하는 경제적 이익보다 우리의 신념, 즉 무의식적 고정관념이 더 강력할까? 즉 현실적으로 매우 중요한 경제적 이익을 우리는 분명하게 의식할 수밖에 없는데, 무의식 속에 자리한 신념 혹은 가치들이 과연 그런 이익보다 더 클 수 있을까?

이에 대해서 레이코프는 몇 가지 예를 통해 실제로 사람들이 가치를 더욱 중요시하고 있음을 강조한다. 예컨대 왜 가난하거나 평범한 서민들이 보수정당을 지지할까? 그런 현상도 정치적 이익이 중요하다면 설명될 수 없다. 그들이 이익보다는 자신들의 가치에 따라 투표한다고 가정해야 설명이 가능하다. 각 유권자는 나름의 기준으로 지도자가 갖추어야 할 덕목들을 설정해놓고 있는데, 레이코프에 의하면 이는 가치(도덕적 가치 포함), 인간적 유대(인간관계), 진정성, 신뢰, 정체성 등으로 구성되어 있다는 것이다.

2003년 미국 캘리포니아 주지사 선거에 아널드 슈워제네거가 공화당 후보로 나왔을 때 노조원들은 당시 주지사였던 그레이 데이비스(민주당)가 아놀드 슈워제네거보다 서민과 노동자에게 훨씬 유리한 태도를 취한다는 것을 적극 홍보했다. "데이비스와 슈워제네거 중 어느 편이 더 당신에게 유리합니까?" 이 질문에는 거의 대부분 데이비스라고 대답했던 노조원들이, 정작 누구에게 투표할 예정이냐고 묻자 슈워제네거에게 투표할 것이라고 답했다고 한다. 이 또한 정치적 이익이나 정책보다는 가치 프레임이 우위에 있음을 보여주는 사례라 하겠다.

가령 슈워제네거가 어려움을 극복하고 자수성가했다는 점, 그래서 강한 인내심과 추진력의 소유자일 거라는 점, 보디빌딩과 영화에서 세계적인 스타가 되었으므로 능력이 대단하다는 점, 그리고 그 능력이 정치에서도 발휘될 것이라는 기대, 또한 데이비스에 비해 어딘가 신뢰가 간다는 점 등이 노조원들의 표심 결정에 작용했으리라. 요컨대 자신이 얻게 될 이익보다 이 같은 가치들, 즉 자신의 신념이 투표자들의 마음을 결정한다는 것이다.

이 같은 분석에도 불구하고 사람의 마음은 신념보다 역시 이익에 좌우된다는 생각을 굽힐 수 없는 이들도 많다. "신념이 밥 먹여 주나?" 하면서 말이다. 사실 레이코프가 든 사례가 주로 투표-정치 분야였기 때문에 이익보다 신념이 더더욱 중요했을지 모른다.

하지만 많은 사례와 연구결과가 우리를 결코 그렇게 생각할 수 없게 만든다. 사실 기업처럼 이윤을 추구하는 조직도 마찬가지다. 내게 돈을 더 주는 리더보다는 내 신념과 내 가치를 인정해주는 리더를 더 열심히 따른다는 것을 우리는 잘 안다.

　문재인 대통령은 신고리 원전 5·6호기 공사의 재개 여부를 결정하기 위해 공론화 과정을 거치자고 제안했다. 이에 따라 시민 471명으로 구성된 공론화위원회가 구성되었고, 2017년 10월 20일, 정부에 원전 공사의 재개 결정을 담은 권고안을 발표했다. 재개 의견이 59.5%, 중단 의견이 40.5%로 나타난 가운데, 우리나라 원자력 발전 정책은 축소하는 방향으로 나아가야 한다는 결론을 냈다. 무엇이 시민참여단의 마음을 움직였을까?

　시민참여단은 6개 항목(안전성, 안정적 에너지 공급, 전력공급 경제성, 지역 및 국가 산업, 전기요금, 환경성)이 각각 얼마나 중요한지를 숙고했다. 대체로 건설 중단 의견을 제출한 위원은 안정성, 환경성 등의 가치에 더 높은 비중을 두었을 것이고, 건설 재개 쪽에 섰던 위원들은 전력공급 경제성, 전기요금, 지역 및 국가 산업, 즉 경제적 이익에 더 높은 비중을 두었을 것으로 기대했다. 그러나 결과는 놀랍게도 양측 모두에게 경제적 이익은 하위권으로 밀렸고, 안전성, 에너지의 안정적 공급, 환경성 같은 가치를 더 중요한 것으로 고려했다. 아래 표에서 보듯이, 건설 재개 쪽에서도 전력공급 경제성을 3위에 올렸을 뿐, 지역 및 국가 산업과 전기요금은 5~6위로 그 가치를 낮게 평가했다.

우리는 여기서 사회가 추구해야 하는 가치를 돈이나 이권 같은 경제적 이익보다 훨씬 더 중요하게 보고 있음을 확인할 수 있다. 그럼에도 경제적 이익이 더 중요할 거라는 우리의 상식이 생겨난 배경은 뭘까? 아마도 이익은 의식 차원에서 작동하는 반면, 가치는 그보다 더 깊은 무의식 차원에서 작동하기 때문이 아닐까? 가치와 신념은 우리도 모르게 작동하고, '신념은 내가 결코 버릴 수 없는 내 자존심'이라는 등식이 성립되기 때문일 것이다.

〈신고리 5·6호기 공론화 '시민참여형 조사' 보고서〉(신고리 5·6호기 공론화위원회, 2017.10.20) 결과에 따르면 다음과 같다.

최종 판단의 결정 요인들

건설 중단 측	건설 재개 측
1. 안전성	1. 안정적 에너지 공급
2. 환경성	2. 안전성
3. 안정적 에너지 공급	3. 전력공급 경제성
4. 전력공급 경제성	4. 환경성
5. 지역 및 국가 산업	5. 지역 및 국가 산업
6. 전기요금	6. 전기요금

최종 판단의 결정 요인 추이(7점 척도)

판단 요인	전체			건설 재개			건설 중단		
	2차	3차	4차	2차	3차	4차	2차	3차	4차
1. 안전성 측면	6.7	6.7	6.7	6.6	6.6	6.6	6.8	6.8	6.8
2. 안정적 에너지공급 측면	6.3	6.3	6.3	6.5	6.6	6.6	6.0	5.8	5.9
3. 전력공급 경제성 측면	6.0	5.9	6.0	6.3	6.3	6.4	5.5	5.3	5.4
4. 지역 및 국가 산업 측면	5.7	5.7	5.9	6.0	6.0	6.1	5.4	5.2	5.6
5. 전기요금 측면	5.6	5.6	5.7	6.0	6.0	6.0	5.1	5.1	5.2
6. 환경성 측면	6.4	6.3	6.3	6.2	6.2	6.2	6.5	6.5	6.4

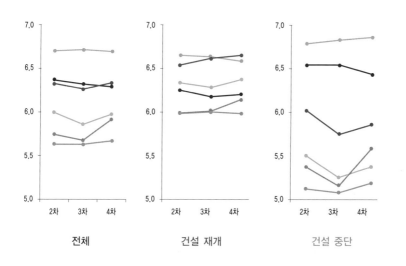

| 전체 | 건설 재개 | 건설 중단 |

● (1) 안전성 측면   ● (2) 안정적 에너지 공급 측면   ● (3) 전력공급 경제성 측면

● (4) 지역 및 국가 산업 측면   ● (5) 전기요금 측면   ● (6) 환경성 측면

2) 주체는 감정이고 이성은 도구일 뿐

소크라테스는 왜 사형을 당했나?

*

"악법도 법이다."

철학자 소크라테스가 그런 말을 남기고 의연하게 죽음을 맞이했다는 사실을 우리는 잘 알고 있다. 하지만 그가 어떤 연유로 어떻게 사형 선고를 받았는지는 잘 모른다. 그 경위를 잠시 살펴보자.

소크라테스는 젊은이들을 타락시킨 죄와 국가의 수호신을 믿지 않고 새로운 신을 받아들인 죄로 기소되었다. 501명의 배심원으로 구성된 아테네 시민 법정이 꾸려졌다. 1차 판결은 유무죄를 가리는 것이었

◀● 소크라테스의 죽음(The Death of Socrates, by Jacques-Louis David, 1787)

는데, 일종의 사상범이었기 때문에 281표 : 220표라는 근소한 차이로 유죄가 선고되었다. 그런데 형량을 결정하는 2차 투표에서는 오히려 361표:140표라는 현격한 차이로 사형판결이 나버렸다. 2차 투표 직전의 최후변론에서 무슨 일이 일어났기에 1차 투표에서 무죄 의견을 제시했던 80명이 도리어 사형 판결로 이동했을까?

소크라테스는 자기의 잘못을 인정하지 않았으며 소신을 굽히지 않았다. 물론 자기 뜻을 굽히지 않는 것은 나쁜 일이 아니다. 그러나 자기 소신을 전달하는 방법에 문제가 있었다. 그는 지적, 도덕적 자기 우월성에 갇혀 국민들을 가르치려 들었다. 자신의 깊은 사상을 이해하지 못하는 국민을 꾸짖고 민도를 탓했던 것이다.[23] 이 같은 소크라테스의 태도는 오히려 시민들을 자극했다. 자신의 무죄를 설득하는 데 실패한 것을 시민의 무지로 정당화하려는 그의 오만한 태도는 시민들의 자존심을 크게 상하게 했다. 감정이 크게 상한 배심원들은 (1차에서 무죄를 던진 이들까지) 사형을 언도하게 되었던 것이다. 당시로서는 상당한 진보주의자였던 소크라테스, 그는 결국 자신이 옳은데 국민들이 그걸 몰라준다는 사고에 빠지는 오늘날의 진보주의자의 오류를 그대로 보여주었다.

소크라테스의 재판 사례는 우리가 얼마나 감정에 좌우되는지를 잘 보여준다. 냉정한 판단이 무엇보다 요구되는 재판 과정에서조차 인간은 감정의 파도를 넘지 못한다. 더욱이 소크라테스는 대화를 통해 다른 사람들과 소통하고 이를 통해 사상을 발전시키는 '문답술'을 개발해 철학의 창시자로 불리지 않는가? 위대한 사상가로도 평가되지 않는가? 그러나 사람들을 설득함에 있어서는 참으로 부족한 사람이었던 것이다. 배심원들의 감정을 상하게 하지 않고서도 얼마든지 자기 사상을 설득할 수 있었을 텐데, 그런 점에서는 '헛똑똑이'였다고 할 수 있다.

전투에서 이기고 전쟁에서 지는 사람들

*

인간은 이성의 동물인가, 감정의 동물인가? 과거에는 전자가 보편적인 답이었지만, 최근의 연구에 따르면 이는 결코 사실이 아니다. 과거의 합리주의 모델에서 감정은 예측불가한 부정적인 것, 그래서 항상 이성에 의해 통제받고 다스려져야 할 대상으로 치부되어 온 반면, 이성은 항상 올바르고 바람직하고 긍정적인 것이고 간주되어왔다. 요컨대 이성과 감정은 서로 대립하고 상호 배타적으로 기능한다고 이해되어왔다.

그러나 뇌신경학과 인지과학이 발달한 오늘날에는 오히려 이들이 공존하며 기능적으로 서로 결합하고 협조하는 것으로 이해되고 있다. 우리가 어떤 판단을 하거나 결정을 내릴 때 오직 이성만이 논리적 추론을 담당하는 것이 아니라 감정도 큰 역할을 한다는 얘기다. 즉 사람은 어떤 결정을 내릴 때마다 논리적으로 추론하는 것이 아니라, 이전의 유사한 경험에서 축적된 기억의 도움을 받아 신속한 결정을 내린다는 것이다.

이것이 가능한 이유는 기억할 때 긍정적 혹은 부정적인 감정을 함께 저장하기 때문이다. 이렇게 하면 이전에 좋지 않은 결과가 초래되었다는 기억과 함께 불쾌한 감정이 떠오르고, 이를 근거로 부정적인 결론을 금방 내릴 수 있다. 반대로 이전에 좋은 결과가 나타났다는 기억과 함께 유쾌한 감정이 떠오르면, 긍정적 시각으로 문제를 접근하게 되는 것이다. 이처럼 감정은 결정을 내려야 할 때 중요한 역할을 한다.[24]

이렇게 함으로써 인간은 보다 신속하게 결정을 내릴 수 있고, 매번 논리적 추론을 하려고 에너지를 낭비하지 않아도 된다. 이것을 '신체표지 가설somatic marker hypothesis'이라고 부른다. 이는 뇌의 일부가 손상된 환자가 의사결정 능력뿐 아니라 감정조절 능력에도 동시에 결함이 있음을 신경학자 안토니오 다마시오Antonio Damasio가 관찰한 데에서 나왔다. 그의 연구팀은 환자의 전전두엽 피질prefrontal cortex 복내측ventromedial 부위가 손상되었음을 알아냈고 동일한 부위에 문제가 생긴 환자들을 대상으로 다양한 실험(도박 실험, 식당 결정 실험 등)을 행하여, 어떤 결정을 내릴 때 감정이 결정적 영향을 끼친다는 사실을 확인했다.

이처럼 이성은 감정의 도움 없이는 결정을 내리기 어렵다. 여기서 우리는 이성보다 감정의 지배력이 더 크다는 걸 볼 수 있다. 증거는 더 있다.

감정은 이성이 활동할 수 있도록 에너지를 공급하고 승인하는 역할도 한다. 요컨대 이성적으로는 반드시 해야 할 일이라고 판단되더라도 기분이 안 날 때는 그 일을 할 수가 없다. 많은 학생들의 괴로움도 바로 이것이다. 공부해야 한다는 사실은 잘 알지만, 공부하고 싶지 않은 기분일 때는 어쩔 도리가 없으니!

그렇다, 이성이 감정을 움직이는 게 아니라 감정이 이성을 움직인다고 할 수 있다. 즉 감정은 이성의 주인이다. 아래 그림과 같이 멋진 컴퓨터 시스템이 있으면 놀라운 일들을 수행할 수 있다.

그러나 이런 시스템도 사용하기로 마음먹어야, 다시 말해 스위치를 켜야, 작동한다. 마찬가지로 우리의 이성적 활동도 감정의 승인이 떨어져야 작동하는 것이다. 이처럼 일은 이성이 하지만, 일을 하도록 에너지를 공급하는 역할은 감정이 담당하는 것이다.

◀◀ 시스템

◀◀ 스위치

그러니까 감정이 주체요. 이성은 그 도구에 지나지 않는다고도 할 수 있다.

당신이 몇 사람과 대화를 나누고 있다고 가정하자. 당신이 어떤 주장을 했을 때 누군가가 당신의 주장을 반박한다. 이때 당신에게는 어떤 생각이 떠오를까?

'생각해보니 맞는 말이군. 내 생각이 틀렸다는 걸 인정해야겠네. 좀 창피하긴 하지만….'

이처럼 이성이 먼저 작동하여 상대의 말을 이해하고 그런 다음에 감정적 반응이 나타날까? 아니면 반대로 이렇게 생각할까?

'뭐야, 내 의견에 반대해? 기분이 별로 안 좋네. 저 의견을 반박할 이야깃거리가 없을까? 그래 맞아, 이렇게 얘기해야지.'

대부분의 경우 후자와 같은 일이 일어날 것이다. 물론 별로 반박할 논거가 없을 때는 상대의 의견을 받아들일 수도 있겠지만, 어떤 경우라도 감정이 먼저 기동하고 그 감정에 따라 이성을 활용하여 반박 근거를 찾거나 수용하는 것이다.

이처럼 우리의 사고는 감정에 기반을 둔다. 감정이 선행하고 이성이 뒤따른다. 감정의 힘은 너무나 커서 이성을 압도한다. 그런데도 사람들은 이성에 호소하려는 (지식과 논리를 통해 상대를 설득하려는) 오류를 자꾸 범하고 있다.

심지어 이런 경우도 있다. 내가 상대를 논리적으로 설득하여 상대도 나의 논리를 다 수긍했다. 그러나 이럴 때조차 상대가 이렇게 말하는 경우가 있다.

"그래 네 말이 다 맞아. 그렇지만 왠지 나는 그러기 싫어."

논리적으로는 다 인정하면서도 감정이 인허하지 않는다는 얘기다. 이렇게 되면 설득은 물 건너 간 셈이다.

이것만 보더라도 이성보다 감정이 더 우위에 있음을 알 수 있다. 그래서 논리에 기반을 둔 설득보다는 감정을 바탕으로 한 설득이 더 중요하다고 하겠다. 그렇다면 그것은 어떤 설득인가? 우선 상대의 닫힌 감정의 문을 여는 것이다.

아등바등 논쟁에서 이기려고만 하는 사람들을 주변에서 흔히 볼 수 있다. 이들은 전투에서 이기고 전쟁에서는 지는 사람들이다. 설사전쟁에서 이겨도 남는 것은 없는 경우가 대부분이다. 흔히 '상처뿐인 영광'이라는 말처럼. 워털루 전투에서 나폴레옹에게 승리한 영국의 웰링턴 장군이 말했다. "패배한 전쟁 다음으로 가장 비참한 전쟁은 승리한 전쟁이다." 전쟁에서 이겨도 내게는 손해이니 피하는 것이 상책이다. 그 진리를 〈손자병법〉에서는 다음과 같은 말로 꿰뚫고 있다. '싸우지 않고 적을 굴복시키는 것이 최상이다不戰而屈人之兵, 善之善者也.'

It is harder to crack a prejudice than an atom.
원자를 깨는 것보다 편견을 깨는 것이 더 어렵다.

알버트 아인슈타인(Albert Einstein)

제 2 부

상대와 나의 생각 차이를
좁히는 설득법

지금까지 우리는 프레임이 우리 생각을 어떻게 지배하는지, 그리고 그 프레임을 형성하는 관점은 어떻게 도입되는지, 알아보았다. 그리고 프레임의 기반은 결코 합리적인 사고가 아니라 개인이 가지고 있는 신념과 감정이라는 점도 살펴보았다.

어떤 언어가 관점을 만들고, 그 관점에 의해 프레임(사고틀)이 형성된다. 그런 사고틀에 빠지면 새로운 생각, 창의적 사고를 하기가 매우 어렵다. 또 상대가 쳐놓은 프레임에 빠지면 반론을 제기하기가 쉽지 않다.

이를 한번 뒤집어보자! 기존 관념에 의한 프레임 혹은 상대가 제시한 프레임에서 벗어나 새로운 프레임을 제시하거나 나의 프레임을 상대에게 주입함으로써 상대를 설득할 수 있다는 의미다. 그렇다면 어떻게?

이제 제2부에서는 프레임을 사용하는 기본적인 방법에 대해 살펴보기로 한다.

제1장

새로운 프레임으로
위기를 극복하라

1. 존재를 인정하는 '부정'을 피하라

앞서 우리는 리처드 닉슨 대통령의 사례를 언급했다. "당신 사기꾼이죠?"라는 질문에 대해 "저는 사기꾼이 아닙니다!"라고 답함으로써 오히려 국민들은 그가 사기꾼일 것이라고 생각하게 되었음이 여론조사로 드러났다고 말이다. 또한 1968년 미국 대통령 선거에서 휴버트 험프리Hubert H. Humphrey, Jr.가 채택했던 슬로건을 보자. '닉슨이 여러분에게 무엇을 해주었나요?' 그리고 '다른 대안은 없다.' 이런 문구는 오히려 경쟁자였던 닉슨의 인지도만 올려주었다.

이 같은 사례에서 보듯이, 어떤 주장을 반박하거나 방어할 때 상대의 주장을 부정하는 것은 자살행위나 마찬가지다. 이럴 땐 절대 상대의 주장을 부정하지 말라고 레이코프는 권고한다. 부정하면 오히려 상대 프레임을 강화해줄 뿐이기 때문이다. 하지만, 왜 그럴까?

부정은 무엇인가에 대한 행위로, 그 무엇인가의 존재를 전제로 하기 때문이다. 즉 그 '무엇'이 사실이든 아니든 간에 적어도 그 존재를 인정한다는 의미이다. 이를테면 부인하려는 대상을 언급하기 위해서는 그것에 이름을 부여해야 하는데, 이렇게 이름이 부여되는 순간 존재자로서의 인식은 불가피하다. 이를 명칭 '부여 효과naming effect'라 한다.

그렇다고 이때 언급을 피해서도 안 된다. 답변을 피하는 행동은 곧 비겁자라는 또 다른 프레임에 걸려들기 때문이다.

2. 희망과 가족으로 접근하라

그렇다면 어떻게 하는 것이 좋을까?

*

예컨대 닉슨은 "당신 사기꾼이죠?"라는 질문을 받았을 때, 과연 어떻게 답변해야 했을까? 사기꾼이 아니라고 답하지 말고 (즉 정직성 프레임에서 벗어나) 새로운 프레임을, 가령 대통령으로서 직무에 충실함이 옳다는 직책 프레임을 제시했어야 했다.

"저는 단지 국가를 위해 일했을 뿐입니다. 저는 탄압 받고 있습니다."

이랬더라면 훨씬 낫지 않았을까? 결국 닉슨의 부정행위는 나중에 사실로 드러났기 때문에 상황을 모면하는 데 그쳤을 테지만, 적어도 당시에 그가 거짓말하고 있다는 인상은 주지 않았을 것이다.

이처럼 레이코프는 상대의 주장에 부정을 할 것이 아니라 새로운 프레임을 제시하라고 권유한다. 특히 정치 분야에서는 새로운 가치를 제시함으로써 국민의 관심을 끄는 것이 좋은 방법이다. 초반 선거운동 과정에서 열세였던 빌 클린턴 후보가 역전할 수 있었던 것은 그 유명한 슬로건 덕분이었다. 그는 부시 정부의 실정에 대해 네거티브 프레임을 쓰지 않았다. 그는 이렇게 말했다. "바보야, 문제는 경제거든It's the economy, stupid!" 우리에겐 살림을 펴줄 좋은 경제가 있어야 한다는 내용

으로 희망을 주는 새로운 가치 프레임을 제시한 것이다.

　노무현 전 대통령은 2002년 대선 유세 과정에서 장인의 빨치산 전력이 문제되어 난감한 상황을 맞이했다. 장인의 빨치산 전력이 사실이 아니라고 할 수는 없었다. 그것은 사실이었으니까. 그렇다고 빨치산 전력이 무슨 문젯거리냐고 할 수도 없었다. 그는 어떻게 이 '빨치산 프레임'에서 빠져나올 수 있었을까? 그렇다, 그는 새로운 프레임을 제시하여 이 위기를 벗어났다. "그럼 사랑하는 아내와 이혼해야 합니까? 그렇게 하면 대통령 자격이 있고, 이 아내를 그대로 사랑하면 대통령 자격이 없다는 것입니까? 여러분, 이 자리에서 여러분들이 심판해주십시오. 여러분이 그런 아내를 가지고 있는 사람은 대통령 자격이 없다고 판단하신다면, 저 대통령 후보 그만두겠습니다. 여러분이 하라고 하면 열심히 하겠습니다." 그는 가족이라는 새로운 프레임을 제시함으로써 위기를 극복하고 이듬해 결국 대통령이 되었다.

진퇴양난에 몰렸을 땐 더욱이 새로운 프레임의 창안이 절실하다. 이라크 전쟁이 답보를 거듭하자 부시 미 대통령은 고민에 빠졌다. 적절한 시점에 병력을 철수시켜야 하는데 문제는 전쟁이 아직 끝나지 않은 상황의 병력 철수는 도망치는 것으로 비쳐질 가능성이 높기 때문이었다. 숙고를 거듭하던 그의 진영은 결국 '전쟁' 프레임으로부터 '점령' 프레임으로의 전환을 결정한다. 즉 전쟁은 이미 끝났고 미국은 이라크를 점령하고 있다는 프레임이다. 이렇게 되면 병사들은 철수가 아니라 귀국을 하는 것이고, 도망치기라는 비난에서 자유로워질 수 있었다. 처음 철수를 언급할 때는 여론이 매우 안 좋았지만, 점령 프레임으로 바꾸자 여론이 호전되어 별 문제없이 미군은 철수할 수 있었다.

2018년 5월, 전라북도 교육감 3선에 도전한 김승환 교육감은 한 방송 인터뷰에서 진행자의 만만치 않은 질문에 부딪쳤다. "상대 후보들은 이른바 3선 피로감을 얘기하고 있어요. 이런 여론도 없지는 않을 텐데요. 어떻게 극복해나갈 생각이세요?" 이런 질문에 대해 보통은 이렇게 답하기 쉽다. "3선 피로감이라니, 무슨 말씀이세요? 도민들은 조금도 피로함을 느끼지 않으십니다. 오히려 많은 분들이 저를 격려해주고 계십니다." 이런 답변이 상대방의 주장을 정면으로 반박하는 것으로 생각하기 쉽지만, 사실은 상대방의 프레임에 빠져 그 안에서 맴도는 것에 불과하다. 왜냐하면 청취자들은 여전히 3선 피로감이라는 사고의 틀 내에 머무르게 되고, 따라서 이를 걷어내지 못하기 때문이다. 이런 답은 청취자나 유권자에게 결코 감동을 줄 수도 없고 설득력 있게 파고들 수도 없다.

그때 김 교육감은 새로운 프레임을 제시하면서 답했다. "저는 오히려 3선 중량감이라는 말씀을 드리고 싶습니다. 어느 지역보다 교육감의 역량을 잘 키워온 곳이 전라북도라고 생각하고요. 그 본인이 바로 저 자신입니다. 3선 중량감이 어떤 것인지 앞으로 4년 동안 보여드리고 싶습니다." 성공적인 답변이었다. 그리고 그는 3선에 성공했다.

제7대 독일연방총리(1998~2005)를 지낸 게어하트 슈뢰더 Gerhard Schröder가 2017년 9월에 내한하여 김영희 중앙일보 대기자와 인터뷰를 가진 바 있다. 이때 기자는 이렇게 물었다. "친구인 블라디미르 푸틴에게 김정은의 도발 견제를 요청할 수 없는가?" 쉽게 대답할 수 없는 질문이었다. 있다고 대답하면 실행에 옮겨야 하니 부담스럽고, 없다고 대답하자니 제안을 거절하는 꼴이 되어 난처했다. 이럴 경우 유효한 것은 질문의 프레임에서 벗어나서 새로운 긍정적인 프레임을 제시하는 것이다. 슈뢰더는 다음과 같이 대답했다.

"현재 한 가지 긍정적으로 느껴지는 것은 문재인 대통령이 러시아와의 관계 개선에 관심을 갖고 있다는 점이다. 빌리 브란트 Willy Brandt 전 총리의 동방정책 정신은 경제협력을 통해 서로 가까워진다는 것이었다. 러시아와 한국이 에너지 분야에서 협력한다면 성공적으로 잘될 것이라고 본다."

  슈뢰더는 질문에 즉답을 한 것이 아니다. 그렇다면 동문서답이 아닌가 하는 의문을 제기할 수도 있다. 그러나 동문서답이란 '물음과는 전혀 상관없는 엉뚱한 대답'이므로, 그가 동문서답을 한 것은 아니다. 굳이 푸틴에게 김정은의 도발 견제를 요청할 필요가 없다는 취지였고, 문재인 대통령이 취하고 있는 러시아와의 경제협력 노선이 잘 될 것이니 자연스럽게 러시아가 북한의 도발을 견제해줄 것이라는 새로운 프레임을 제시했다고 볼 수 있다.

제 2 장

상대보다 먼저
프레임을 제시하라

상대보다 먼저 프레임을 제시하라!

이것이 프레임 사용의 두 번째 원칙이다. 프레임을 선점하고 이를 지속적으로 반복하여 이슈화하는 것이 필요하다. 보통 우리가 이슈 선점이라고 하는 것이다. 왜 이슈 선점이 필요한가? 새 프레임을 제시하면 상대는 거기에 빠지게 된다. 반응을 해야 하는, 즉 답변을 해야 하는 입장이 되기 때문이다. 프레임을 만들어 제시하고 이를 지속적으로 배포하여 사람들에게 이슈가 되면 상대는 어떤 형식으로든 거기에 응답해야 하는 입장이 되는 것이다.

1. 회피만이 능사는 아니다, 비겁자가 된다

만일 상대가 하나의 이슈를 던졌다고 가정해보자. 이럴 경우 나는 답변을 해야 하는데, 만일 탐탁지 않다고 해서 이를 회피한다면 앞서 말한 바 있는 비겁자 프레임 혹은 반대자 프레임에 걸려들게 된다.

2012년 후반의 대통령선거 운동 당시, 문재인 후보가 정권교체를 위한 후보 단일화를 제의했다. 단일화 이슈를 먼저 선점한 것이다. 이렇게 되니 안철수 후보는 답변을 해야 하는 입장에 처했다. 만일 응하면 단일화를 해야 할 것이고, 거부하면 야권 지지층으로부터 부정적 이미지를 얻을 수 있는 위태로운 상황이었다. 문 후보의 요구에 안 후보는 "지금은 때가 아니다"라고 하면서 단일화 논의 착수 요구를 회피했다. 이후 이슈가 지속되자 한 발 물러나면서 이렇게 대응했다. "단일화를 안 하겠다는 것이 아니다. 우선은 정책에 집중해야 한다. 단일화 방식이 아니라 가치에 대한 합의점을 찾는 게 먼저다. 여기에 국민 동의를 얻는 것이다." 다소 모호한 태도를 보인 것이다. 이는 문 후보가 제기한 단일화 이슈를 사실상 회피하는 것으로 비쳤다. 이후 그의 지지율은 하락하기 시작했다.

이처럼 상대가 제기한 이슈에 대해 명확한 입장을 내놓지 않으면 대중들은 '곤란한 문제니까 회피하는군'이라고 생각할 수 있고, 이렇게 되면 비겁자라는 이미지를 얻게 된다. 심지어는 '저 사람이 반대하는 모양이구나. 그러기에 말이 없지'라는 반응을 얻으며, 제안된 이슈에 반대하는 사람으로 몰릴 수 있다. 어느 세력이나 권력도 부정할 수 없는 중요한 가치를 선점하여 이슈화했을 때 만일 그에 대한 언급을 회피한다면 그 가치를 부정하는 세력으로 인식되는 결과가 발생한다. 이는 앞서 말한 이분법적 사고, 즉 흑백논리 효과다. 하나를 주장함으로써 곧바로 다른 하나를 부정하게 되는 상황에 빠지게 된다. 따라서 단일화하자는 주장에 대해 침묵하는 행동은 곧바로 단일화에 반대하는 행동으로 치부되는 것이다. 사실 논리적으로는 중립적 입장, 그러니까 양쪽 모두 장단점이 있으므로 적극적 찬성도 적극적 반대도 아닌 입장이 가능한데도 흑백논리에 빠져 찬성 아니면 반대라는 두 가지 입장만을 강요하는 것이다.

공격이 최상의 방어라는 스포츠계 격언은 정치계에서도 그대로 적용된다. 이슈는 선점해야 하는 것이다.

앞서 언급한 바 있지만, 2012년 8월 대선에서 박근혜 후보가 보수 진영 후보로서는 의외로 복지정책을 공약으로 내걸었을 때, 자신의 가치라고 생각했던 것을 이슈로 선점 당하자 당황한 문재인 민주당 대선 후보는 "박근혜 후보의 복지는 가짜 복지"라고 공격했다. 그러나 이 방식은 상대의 프레임을 더욱 공고하게 해주는 역효과만 내었다. 대중들에게 '박근혜 후보의 복지'라는 프레임을 오히려 실재하는 대상으로 만들어준 것이다. 상대의 프레임을 부정하지 말고 새 프레임을 제시했어야 했다. 예컨대 같은 의미라도 '문재인의 복지가 진정한 복지입니다'라고 하는 것이 더 나을 뻔했다.

하지만 그렇게 한다 하더라도 상황을 근본적으로 개선할 수는 없다. 여전히 복지 프레임 안에 머물러 있기 때문이다. 즉 상대가 선점한 이슈에서 완전히 벗어나지는 못하는 것이다. 바로 이게 이슈를 선점해야 하는 이유다.

물론 이슈를 선점하는 것이 항상 성공의 보증수표는 아니다. 무엇보다 당연히 콘텐트가 좋아야 한다. 그런데 좋은 콘텐트를 만드는 것이 어디 그리 쉬운가!

2. 좋은 프레임으로 주도 효과를 노려라

경제파탄에 대해 진보진영에서 재벌과 정경유착 등을 문제의 근원으로 제기하면, 보수진영에서는 과격 노조와 포퓰리즘populism 정책이 근본 원인이라고 주장한다. 또 정국혼란에 대해서도 진보 측에서는 사실을 왜곡하는 보수 언론에 책임이 있다고 주장하는 반면, 보수 측에서는 촛불시위 등의 대중선동과 팟 캐스트 등이 인터넷 언론에 책임이 있다고 주장한다. 이처럼 끝없는 논쟁으로 이어져서 결론이 나지 않을 경우에도 이슈 제기자는 손해 볼 것이 없다. 일반 대중에게는 뭐가 뭔지 모르겠다는 피로감을 주면서도 이슈 제기자가 상황을 주도했다는 인상을 남기게 되기 때문이다. 또한 이슈 제기자는 인지도가 상승하는 성과를 얻게 된다. 설령 아무런 효과가 없더라도 결코 손해 보는 일은 없다. 즉 밑져야 본전인 셈이다. 노이즈 마케팅Noise marketing을 하는 이유 또한 여기에 있다. 노이즈 마케팅은 논의거리가 여러 분야와 복합되어 다양한 전문가 및 이해집단의 참여를 이끌어낼수록 효과적이다.

물론 제안했던 내용이 대중이 원하는 것이라면, 긍정적인 이미지를 획득하게 된다. 예를 들어 위에서 말한 단일화 이슈를 선점한 문재인 후보의 경우, 어쨌든 '나는 단일화를 위해 최선을 다했다'는 이미지를 얻게 되는 것이다.

이슈 선점의 또 다른 장점은 다른 이슈를 잠재우는 기능이다. 하나의 이슈가 상황을 뒤덮고 있을 때 새로운 이슈를 터뜨리면 앞선 이슈가 희석되거나 사라진다. 따라서 곤혹스러운 국면 타개용으로 매우 유효하다.

이슈의 소재, 즉 프레임은 어떤 것이 좋을까?

우선 상대방도 인정하지 않을 수 없는 보편적 가치를 담고 있어야 한다. 정치 분야의 경우 '민생', '경제', '서민', '애국심', '일자리 창출' 등을 비롯해 '가족', '안전', '사랑', '애국심', '건강과 같이 누구나 공감할 수 있는 가치들을 예로 들 수 있다.

또 다른 하나는 상대 진영이 추구해온 핵심가치를 가져오는, 어찌 보면 빼앗아 오는 방법이다. 이명박 후보의 '공정사회', '동반성장'과 박근혜 후보의 '복지론', '경제민주화'가 여기에 해당한다. 이럴 경우 상대는 의표를 찔려 제대로 대응하기 어렵다. 보수진영은 이 전략을 잘 구사하여 성공한 예가 많으나, 진보진영은 보수의 긍정적인 개념인 '안보', '성장', '안정' 등을 가져오지 못했다. 최근에는 남북관계와 북미관계가 개선되어 많이 바뀌었지만, 전통적으로 진보진영은 특히 안보에는 불안한 세력이라는 이미지를 털어내는 데 성공하지 못했다.

정치 외에 다른 모든 분야에서도 프레임 선점의 원칙은 유효하다. 가령 세탁기 마케팅에서는 세탁력, 진동 및 소음, 전력 소모, 살균력, 천의 손상 방지 등 기능적인 문제들, 지구 온난화로 인한 기후변화, 환경 보존, 삶의 질 추구와 같은 가치관 변화 등의 주제를 선점하여 이슈화함에 따라 마케팅의 효과는 크게 갈린다.

프레임 선점의 원칙은 일상의 대화나 토론 같은 영역에도 훌륭하게 적용된다. 어느 대화나 토론에서도 주도하는 사람이 있다. 그들은 남보다 먼저 프레임을 제시하고 이를 대화나 토론의 주제로 곧잘 만드는, 프레임 선점 원칙의 실천가들이다.

제 3 장

신념과 가치에
기반을 두라

앞에서 사고는 신념에 바탕을 둔다고 했다. 따라서 논리가 아니라 신념, 특히 가치를 기반으로 상대를 설득해야 한다. 우리는 인간의 확증편향 심리를 보았고, 진실조차 신념에 패배함을 보았다. 진실도 물론 중요하지만 진실만으로는 상대를 설득할 수 없다. 상대방의 신념 프레임에 맞춰야 한다.

우리는 어떤 대상이나 생각에 대해 '왠지 그게 좋아' 혹은 '어쩐지 그게 좋아 보이지 않아' 하면서 깊이 생각을 하지 않고도 쉽게 결론을 맺는 경우가 있다. 이는 명백하게 그 대상이나 생각이 우리의 신념이나 가치관에 부합하거나 부합하지 않기 때문이다.

흔히 상대방이 옳은 이야기를 해도, 그래서 그 생각에 대체로 동의

함에도 불구하고, 완전히 동의할 수 없는 구석이 있어 찜찜한 경우가 있다. "맞는 얘긴 것 같은데, 뭔가 부족해. 내가 놓치고 있는 뭔가가 더 있는 것 같아" 하면서 망설이는 것이다. 내가 믿고 있는 방식, 내가 평소에 바라보는 관점으로 접근하는 것이 아니라서 낯설고 어색하기 때문이다. 즉 내 신념이 쳐놓은 프레임이 새로운 대상에 대한 이해와 수용을 방해하기 때문이다.

보통 부모와 자녀의 생각이 대립하는 것은 논리적으로 옳고 그름의 문제가 아니라 고정관념, 신념·가치관이 서로 달라서인 경우가 대부분이다. 상대방의 관점과 프레임으로 접근하면 서로를 쉽게 이해할 수 있지만 그러지 못해 대립하는 것이다.

따라서 상대를 설득하기 위해서는 논리가 아니라 상대방의 신념·가치에 호소하는 자세가 무엇보다 필요하다. 그러려면 상대의 신념·가치 프레임을 활성화하는 언어를 사용해야 할 것이다. 프레임이 서로 일치할 때 소통이 이루어지고, 그렇지 못할 때 불통과 오해, 갈등이 생기니까 말이다.

1. 상대의 가치로 접근하기

대화의 목적은 진리가 아니라 설득

*

대화 혹은 연설 청취 도중에 상대나 연사의 한마디가 가슴에 와 닿는 경우가 있다. 감동의 순간이다. 감동이란 나의 신념과 나의 가치관에 부합할 때 느끼는 합일감이다. 같은 신념과 가치관은 같은 관점으로 대상이나 상황을 바라본다는 뜻이므로 가슴에서 큰 울림이 일어나게 된다.

"웅변의 목적은 진리가 아니라 설득이다."

19세기 정치가요 역사가였던 토머스 머콜리^{Thomas B. Macaulay}는 그렇게 설파했다. 마찬가지로 대화의 목적 또한 진리가 아니라 설득인 경우가 많다. 상대를 설득하려면 내 생각을 상대의 신념 프레임 안에 넣어서 전달해야 한다. 만일 내 신념에만 기대어 내 생각을 (그것도 진실이랍시고) 일방적으로 전하거나 가르치려 들면 상대는 결코 설득되지 않을 뿐 아니라 오히려 반감만 갖게 된다.

어떤 사람이 전자제품이 고장 나서 그 물건을 구입했던 가게를 찾아갔다. 그랬더니 가게 직원이 말했다. "그건 저희 소관이 아니에요. AS를 맡은 회사가 따로 있으니 거기로 가세요." 물론 직원은 사실을 말했다. 하지만 소비자 입장에서는 언짢았다. 소비자의 관점에서는 물건의 구입

처와 AS를 담당하는 회사를 따로 구분하지 않는다. 판매와 AS를 나누는 것은 판매회사의 업무 처리 편의에 의한 구분이다. 즉 회사의 프레임이다. 가게 직원은 단지 자신의(회사의) 프레임에 맞추어 얘기한 것이었고 소비자는 자기 신념에 맞지 않으니 이를 받아들이고 싶지 않다. 이처럼 자신에게는 당연한 것이어도 상대에게는 아닐 수 있다.

부모와 자식 간의 대화도 마찬가지다. 부모는 자신의 신념 · 가치관에 의거한 프레임으로 자식을 설득하려 한다. 하지만 그것은 설득이 아니라 설교다. 설득은 상대의 프레임에 맞추어 설명하는 방식인 반면, 설교는 자기 신념에 기반을 둔 프레임을 상대에게 강요하는 방식이다.

그렇다, 상대를 설득하려면 그의 신념 · 가치관에 기반을 둔 프레임 안에 내가 전하려는 메시지를 넣을 때 가능해진다.

겨우 꽃 배달? 자존심 상하네!

*

강 사장은 요즘 사업이 잘 안 돼 고민에 빠졌다. 한때 잘 나가던 중소기업의 사장이었던 그가 친구들에게 상황을 토로하자, 함께 대화를 나누고 있던 한 친구가 꽃 배달 사업을 하면 어떻겠느냐고 제안한다. 강 사장이 대답하지 않자 친구가 말했다. "너 인맥 있잖아. 전화번호만 등록하면 돼. 주문이 오면 전화로 연결만 시켜주면 되는 거야." 그러자 강 사장은 이렇게 대꾸했다. "꽃 배달이라니? 자존심이 허락하지 않아." 강 사장은 속으로 아마 이렇게 생각했을 것이다. '그래도 한때 내 분야에서는 한가락 하던 사람이었는데, 사업이 좀 안 된다고 생전 발도 들여놓지 않던 일을 그저 호구지책으로 제안하다니, 이 친구 날 너무 무시하는구나.'

그런데 그의 이런 속마음을 못 헤아리고 친한 친구랍시고 허물없이 "너 아직 배가 안 고프구나! 아직 뜨거운 맛을 못 봤어!"라고 말한다면 어찌 되겠는가? 설득은커녕 대화가 중단되고 자칫 잘못하면 우정에 금이 갈 수도 있다. 나는 생각하기 시작했다. '어떤 프레임에 이 제안을 담아서 제시하면 이 친구를 설득할 수 있을까?' 이윽고 나는 이렇게 말했다.

"이보게, 강 사장, 자네가 그래도 지금까지 그 분야에서는 대표주자 중 한 사람이 아니었든가! 그러니 그 일은 계속 열심히 하되 꽃 배달은 부업으로 하면 어떨까. 자네도 언젠가는 은퇴할 텐데 그땐 어떻게 할 거야? 노후대비로서는 딱 좋을 것 같은데, 어때?"

그러자 그는 표정이 한결 밝아지며 관심을 가지고 이것저것 묻기 시작했다. 나는 상대의 신념을 충족시키고 다만 부업과 노후대비와 같은 긍정적인 프레임으로 설득을 하고자 했다. 아무리 어려워도 직업에서의 자부심 유지라는 신념을 지키는 것이 중요할 테니까. 따라서 그 신념 프레임 안에 꽃 배달을 넣어 제시한 것이다. 나중에 얘기를 들어보니, 역시 강 사장이 꽃 배달업에 부정적인 시각을 가졌던 것은 그 사업 자체가 싫어서가 아니라, 업종의 전환이 본인의 전문분야에서의 실패를 의미하는 것이었기 때문이었다. 그는 나의 제안대로 부업과 노후 대비로 꽃 배달업을 시작했고 현재 그 일에 매우 만족하고 있다.

영리한 세일즈맨

*

30대 초반의 김 과장은 소형차를 살까 말까 고민하다가 우신 매장에 가서 상담이나 받아보자고 작정했다. 그런데 입구에서 세일즈맨이 그를 보자마자 "고객님, 소나타 보러 오셨죠? 이쪽으로 오세요"라고 말하면서 곧바로 중형차 쪽으로 안내하는 게 아닌가! 엉겁결에 그는 영업사원에 이끌려 소나타를 보게 되었고 마음에도 없는 차에 대한 세세한 설명을 한참 동안 듣고 있을 수밖에 없었다. 자존심, 체면 프레임이 작동했기 때문이다.

그러나 경제력이 뒷받침되지 못하였기 때문에 설명이 끝나자 조심스럽게 물었다. "좋은 차군요. 그런데 엑센트는 어떤가요?" 이때 세일즈맨은 그의 자존심을 상하지 않게 하려고 이렇게 대꾸한다. "고객님, 안목이 있으시군요. 엑센트가 사실은 실속이 더 있습니다." 이 말 덕분에 김 과장에게는 '실속' 프레임이 형성되어 자존심을 상하지 않으면서 실속의 엑센트를 구매하기로 결정했다.

하지만 단지 구경만 하려고 왔던 그가 이렇게 구매까지 결정한 것은 영리한 세일즈맨이 쳐놓은 '체면' 프레임, 즉 '당신은 소나타 정도의 차는 탈 수 있다'는 프레임에 빠져 결국 벗어나지 못했기 때문이었다. 세일즈맨은 체면을 구겨서는 안 된다고 생각하는 많은 고객의 신념 프레임을 자극해 실적을 올리는 사람으로 볼 수 있다. 그 영업사원은 크게 성공할 것으로 보인다.

이런 '진상'환자, 어떻게 대해줄까?

*

병원에 가면 환자 입장에서는 권위적이고 불친절한 의사들이 싫지만, 의사 입장에서는 말 많고 이것저것 따지는 환자들이 상대하기 어렵다. 이런 환자들을 의사들은 진상환자로 분류한다. 진상환자 중에서도 특히 골치 아픈 유형이 자신의 의료지식을 과시하면서 이것저것 따지는 이들이다. 요즘은 의료 정보가 인터넷에 많이 올라와 있어 이런 환자들이 더욱 많아지는 추세다.

자, 이런 환자들은 어떻게 대해야 할까? 그들의 의료지식이 잘못되었다고 핀잔을 주거나 귀찮다는 듯이 대하면 그들은 다양한 형태로 반발할 수 있다. 그보다 더 큰 문제는 여기저기 다니면서 해당 의사와 병원에 대해 악성 루머를 퍼뜨릴 가능성이 높다는 점이다. 그런 사람들은 자기 불만을 여론화하는 힘이 크기 때문이다.

그럼 어떻게 해야 할까? 이런 문제에 결코 정답이 있을 순 없지만,

일단 진상환자의 주장을 경청하는 것이 필요하지 않을까? 그들은 대개 자신의 의료상식에 대한 과시욕을 가진 사람들이기 때문에 그런 욕망, 즉 자기는 의료지식이 풍부하다는 신념 프레임에 맞춰주는 것이다. 사실 그들의 욕망은 단지 그 신념을 인정받는 것이기 때문에 이것만 만족시켜주면 그다음은 매우 쉽다.

"참, 의료 상식이 풍부하시네요. 어디서 그런 것들을 배우셨나요? 대단하시네요." 일단 이렇게 말한 다음, "그런데 말이죠, 요즘은 다른 게 나와 있어요. 뭐 꼭 어떤 게 좋다기보다는 일장일단이 있으니까 환자의 상황에 맞춰야죠"라든가 "사실 그 방법은 비용 대비 실속이 없어요. 그래서 이런 방식이 더 좋습니다" 같이 상대의 지식을 인정해주되 새로운 지식을 더해주는 방식을 취하면, 상대를 만족시키고 의사로서의 권위도 유지할 수 있다.

이렇게 되면 환자는 오히려 자신에게 새로운 지식을 전해준 의사에게 고마운 마음을 갖게 되고, 밖에 나가서는 그 의사와 병원에 대해 홍보까지 해줄 것이다.

2. 보편적 신념으로 접근하기

만능 키워드

*

상대방의 신념 프레임에 맞춰주는 것 다음으로 중요한 것이 보편적 신념 프레임에 맞추는 것이다. 보편적 신념이란 나와 상대가 공통적으로 갖고 있는 신념이다. 그뿐만 아니라 시대적 신념이기도 하다. 따라서 보편적 신념은 만능 키워드가 된다. 마치 한 건물의 모든 문을 열수 있는 마스터 키처럼 마스터 키워드master keyword가 되는 것이다. 요컨대 보편적 신념의 프레임을 활성화하는 이런 단어를 찾아서 상대방에게 제시하는 것이 좋다.

정치 분야라면 '서민', '일자리 창출', '애국심', '공정', '복지', '자유', '번영', '안보', '민주', '민족'과 같은 단어들이 전형적으로 여기에 속한다. '민생'도 대표적인 만능 키워드다. 우리의 대통령들은 곤란한 질문이 나올 때 흔히 "그것은 국회가 알아서 할 일입니다. 저는 민생 챙기기에 주력하겠습니다"라고 말함으로써 효과적으로 피해간다.

만능 키워드는 누구나가 공감하는 말이나 내용인지라, 상대방도 반론을 제기할 수 없다는 점에서 매우 안전하게 사용할 수 있다는 장점이 있다. 어느 누가 "일자리 창출은 중요한 것이 아닙니다."라고 말할 수 있겠는가?

사정이 이렇다보니, 만능 키워드는 정치권력이 자신의 의도를 과장하여 나타낼 때 많이 동원된다. 작은 정책의 목적을 국민, 대중, 민주주의, 애국 등으로 포장하는 것이다.

만능 키워드는 심지어 사용하는 사람에 의해 그 의미가 자의적으로 규정되기도 한다. 가령 '국민의 뜻'이 그러하다. 사실 이 말처럼 우리가 정치인들에게 자주 듣는 말도 없을 것이다. 정권이나 정치인들이 중요한 결정을 내릴 때는 어김없이 '국민의 뜻'임을 내세운다. 정계은퇴도 국민의 뜻이고 정계복귀도 국민의 뜻이다. 그러나 사실 '국민의 뜻'이란, 당이나 정권의 일반적 노선 혹은 당리당략, 또는 고위 정치인의 정치적 결단의 완곡어법에 지나지 않는다. 정당이나 정치인이 국민의 뜻을 안다고 판단하는 것은 권력의 남용을 미리 정당화하는 것에 불과하다. 어휘의 의미를 자기에게 유리하게 사용해 포장하는 전략이라고나 할까.[25]

뭐니 뭐니 해도 가족이지!

*

누구에게나 가슴을 울리는 보편적 가치가 있다. 그것은 가족과 사랑이다.

2008년 미국, 대선 출마를 선언하고 민주당 경선에 뛰어들었던 힐러리 클린턴은 선거 홍보용 비디오를 만들 때 혼자 인터뷰하는 모습을

자주 선보였다. 자수성가한 커리어 우먼으로서의 긍지를 내세우기 위한 것이었다. 그러나 불행하게도 대중은 이를 좋지 않게 보았는데, 그것은 가족이라는 가치를 중요시하지 않는 사람이라는 이미지를 주었기 때문이었다. 결과적으로 그녀는 당내 경선에서 버락 오바마에게 패하고 만다.

●■ 힐러리 클린턴

2016년 민주당 대통령 후보 경선 때는 보좌진의 충고를 듣고 아이를 안고 있는 모습을 보여주었는데, 이는 사람들의 가족 프레임을 활성화해 좋은 모습으로 각인되었다. 이번에는 당내 경선에서 승리할 수 있었다.

●■ 클린턴 부부와 아이

"놈들을 빨리 후려치면 우린 빨리 집에 간다!"

제2차 세계대전 때 노르망디 상륙작전으로 유명한 미국의 조지 패튼 장군은 그렇게 외치면서 병사들의 사기를 북돋웠다. 이 역시 병사들에게 가족이라는 프레임을 제시하면서 명령에 따르게 한 것으로 볼 수 있다.

프로야구 경기에서 투수가 난조를 보이면 감독이 마운드로 올라가 이야기를 나눈다. 무슨 이야기를 주고받을까? 야구와 직접 관계없는 말이라고 한다. "어이, 빨리 이기고 집에 가서 시원한 맥주나 한 잔 하지~" 이처럼 가족과 편안한 시간을 가지는 데에 초점을 맞추어 긴장을 풀고 유쾌한 기분을 갖게 한다는 얘기다.

앞서 말한 바대로 2002년 대선 유세 과정에서 장인의 빨치산 전력이 문제되었을 때 난관을 헤쳐 나가기 위해 노무현 후보가 제시했던 것도 "그럼 사랑하는 아내와 이혼해야 합니까?"라는 가족 프레임이었다.

오스트리아의 쿠어트 발트하임Kurt Waldheim은 제4대 UN 사무총장 임기(1972~81년)를 마친 후, 오스트리아 대통령선거에서 가장 가능성 높은 후보가 되었다. 그런데 그가 나치 장교였고 유태인 학살에 참여한 전력이 있다는 사실을 주간지 〈프로필〉의 한 기자가 폭로했다. 나치 제복을 입고 찍은 사진과 본인의 이름이 나오는 문서 등 구체적 증거까지 제시했다. 전세가 역전되어 그는 매우 불리한 상황에 처하게 되었다. 그런데도 결국 그는 명연설로 동정 여론을 만들어냈고 결국 대통령에

●● 오스트리아 출신의 4대 사무총장 쿠르트 발트하임

당선되었다. 그가 사용했던 프레임 역시 '가족'이었고, 거기에 '피해자' 프레임까지 결합시켰다. 가해자가 아니라 피해자라니! 기막힌 반전 아이디어였다.

"오스트리아는 전쟁의 피해자였다. 히틀러의 피해 국가였다."

"전쟁 발발 당시 나는 어렸다. 당시 나에겐 선택의 여지가 없었고, 가족을 위해 어쩔 수 없이 입대해야 했다. 나는 가족을 위해 임무를 다했을 뿐이다."

비록 당선 이후 외교상 기피 인물로 지목되어 대통령임에도 불구하고 다른 나라에서 외교사절로 인정받지 못했고, 재임 기간 동안 다른 나라의 대통령으로부터 방문을 받지도 못하는 등의 수난을 겪었지만.

나는 어느 해 설날 언저리에 지역구 시의원으로부터 한 통의 이메

일을 받았다. 그저 그렇고 그런 정치인의 메시지와 달리 매우 감동적인 내용이었는데, 그 감동의 원천은 역시 가족 프레임으로의 접근이었다. 편지 내용은 이러했다.

설날 명절 잘 보내세요.

눈이 많이 내려서 고향 가는 일이 걱정입니다. 제 고향 강원도 고성에는 눈이 엄청 왔대요.

장남이라 안 가면 부모님이 많이 섭섭해 하시거든요.

저도 가고 싶고….

올해 시작한 지도 벌써 한 달이 훌쩍 넘고 세월이 참 빠르구나, 새삼 느낍니다.

3년이 어떻게 지나갔는지 해놓은 건 없고, 주민들한테 어떻게 다시 설지 막막합니다.

전혀 일을 하지 않은 건 아니겠지만 자랑할 만한 일들은 아니라서요. 그래도 희망을 가지고 당당하게 나서겠습니다.

올해는 술을 조금만 먹겠습니다. 다음날이 너무 힘들거든요. 제가 술자리에서 좀 빼더라도 양해 바랍니다. 제가 건강해야 세 자녀를 잘 키울 수 있거든요.

가족과 함께하는 즐거운 설 명절 되시고 올 한 해 건승하시길 기원합니다.

수원시의원 김명욱 올림

누군가를 위로할 때도 가족 프레임은 효과적이다. 가령 실직했거나 승진에서 탈락한 남편을 아내가 위로할 때도 가족이라는 만능 키워드를 이용하되 남자이므로 대표 의미인 '일'을 곁들여주면 좋다.

> "그래도 당신은 누가 뭐래도 가족과 사회를 위해 열심히 일했잖아. 당신은 정말 진지하고 치열하게 살았어. 좋은 사업을 이끌기 위해 몸을 돌보지 않고 일했잖아. 고마워, 여보. 그리고 또 기회가 있을 거야."

다음은 어느 남성의 인터뷰인데, 역시 가족을 소재로 한 훈훈한 내용이다.

> "가족을 생각하면 항상 눈물이 나오네요. 아내와 아이가 아플 때 더욱 그래요. 특히 좋은 남편, 자애로운 아버지가 돼주지 못한다는 미안함에 꽤나 힘들었어요.
> 속으로는 가족에게 많은 시간을 함께하지 못한다는 미안함에 시달리면서도, 겉으로는 공연히 권위의식에 가득 찬 표현으로 억지를 부리곤 했죠."

자신의 사정을 제대로 설명하지 못하고 사랑 표현에도 몹시 서툴러 스스로도 불만이 있었음을 잘 드러내고 있다.

호소력이 높은 가치들

*

연초가 되면 신문 방송에 새해 소망을 조사한 결과가 게재된다. 대화를 할 때, 상대방에 대해 많은 정보를 갖고 있지 않다면, 그래서 상대의 신념이나 취미도 잘 알지 못한다면, 이 같은 한국인의 보편적인 가치관을 이용하면 좋을 것이다.

한국인의 새해 소망

순위 / 연도	2015년	2016년	2017년
1	건강	건강	건강
2	다이어트	다이어트	여행
3	여행	운동	덕질
4	운동	여행	운동
5	금연	덕질	다이어트
6	덕질(취미생활)	금연	연애
7	연애	연애	시험합격
8	독서	결혼	금연
9	결혼	저축·재테크	저축·재테크
10	시험합격	취업	취업

(출처: https://news.joins.com)

최근 3년간 조사된 한국인의 새해 소망을 보면 몇 가지 흥미로운 사실이 보인다. 우선 부동의 1위는 건강이다. 다음으로 여행이 3위에서 4위로 잠시 내려앉았다가 2위로 뛰어올랐다. 취미를 뜻하는 '덕질'이 6위에서 5위를 거쳐 3위로 가파른 상승세를 보인다. 반면 연애와 결혼이 중하위권이고, 특히 예전에는 줄곧 최상위에 랭크되던 재테크와 취업은 9위와 10위에 밀려 있음이 눈에 띈다. 그만큼 결혼과 취업, 재테크가 어려운 시대가 되었음을 반증하고 있으며 그래서 이제는 포기 상태가 되었음을 알리는 우울한 징표다.

그러나 여행과 취미생활이라는 정신적 가치를 더욱 소중히 여기는 태도는 물질만능에서 어느 정도 벗어났음을 보여주는 결과로 해석할 수 있다. 아무튼 상대에 대한 정보가 부족할 때 이러한 가치들을 화제로 삼는다면 대화를 편안하게 이끌 수 있을 것이다.

3. 내 신념을 반복적으로 주입하기

신념은 오랜 기간 교육에 의해서 형성되거나, 사회적으로 학습되거나, 경험을 통해 형성된 것이다. 그러므로 쉽사리 바뀌는 것이 아니다. 그래서 상대의 프레임에 맞추는 것이 필요하다고 했다. 가끔 상대의 생각을 꼭 바꾸어야 할 때가 있는데, 이럴 땐 어떻게 해야 할까? 물론 이럴 경우에는 상대에게 나의 신념과 가치관을 프레임으로 만들어 주입해야 한다. 이 일은 결코 단번에 이루어지지 않으므로 상당한 시간 투자가 필요하다. 따라서 일회성 대화에는 적용하기 어렵다. 수차례의 대화를 통해서, 반복적인 연설을 통해서, 사훈, 슬로건 등의 형식을 통해서만이 가능하다.

산속에 생긴 길도 처음에는 길이 아니었다. 누군가가 지나간 뒤 사람들이 계속 지나다니다보니 어느새 길이 되고, 그러다 점점 더 많은 사람들이 다니면서 등산로가 된 것이다. 우리의 뇌도 마찬가지다. 어떤 정보가 반복해서 주입되면 단기기억(작업기억)에서 장기기억으로 전환되어 지식으로 바뀐다. 그 지식이 빈번하게 입출력되면서 바로 고정관념으로 변하는 것이다.

신념은 일종의 고속도로다. 이를테면 무의식적으로 오가게 되는 출퇴근길과 귀갓길처럼 고민 없이 순간적으로 연결되는 망이다. 상대에게 이런 고속도로나 출퇴근길과 귀갓길 같은 것을 만들어줄 수 있다면 앞으로의 대화가 훨씬 수월해질 텐데.

여행 가면 고유명사를 많이 외워라(명사화 전략)

*

그렇다면 새로운 가치와 신념의 프레임은 어떻게 주입될 수 있는가? 그것은 언어를 통해서 가능하다. 새로운 표현을 만들고 반복해 사용함으로써 마치 그것이 실재하는 듯한 효과를 창출하는 것이다.

그 첫 번째 작업은 새로운 개념을 만들고 거기에 이름을 붙이는 것이다. 이름은 대상의 존재를 전제하기 때문이다. 즉 이름이 있다면 대상이 있다는 뜻이다. 앞서 부정의 역설적 효과에서 설명한 바 있는 '명칭 부여 효과'가 그것이다. 명칭이 부여된 것은 존재자로 간주된다. 예를 들어 '신神은 없다'라는 문장에서조차 우선 논리적으로 '신'의 존재가 요구된다. 어떤 대상을 주어 자리에 놓는다는 것은 그 대상이 있다는 것을 전제로 하기 때문이다.

앞서 언급한 바 있지만, 스탈린이 사용한 '인민의 적'이라는 어휘는 조금이라도 스탈린의 뜻에 동조하지 않는 사람이라면 그 어느 누구에 대해서도 혹독한 탄압을 가할 수 있게 해주었다. 또한 '아동학대', '다중인격', '성희롱' 등의 경우에도 그 명칭들이 만들어지면서 해당 현상이 출현하게 되었음을 보았다. 그 이전에도 성희롱이 무수히 많이 저질러졌지만 명칭이 없어서 존재자로 인정받지 못했던 것이다.

이런 말이 있다. "여행을 가서는 되도록 많은 고유명사를 외우라." 그렇지 않으면 그냥 성당을 다녀왔다거나 무슨 탑이 있었다는 기억밖에 남지 않는다. 여행은 기억으로 남는다. 그래서 여행이 실재하게 되는 것이다. 이름을 붙이지 않으면 추억이 되지 않는다.

그렇다, 명사화 전략을 이용하자! 그러면 그게 실재하는 것처럼 인식된다. 만일 회사에 새로운 정책을 도입하여 그것을 성공적으로 이끌고 싶다면 거기에 이름을 붙여라!

되풀이하기 (신념화 전략)

*

명사화 전략이 세워졌다면, 이제 두 번째 작업은 그것을 반복하는 것이다. 즉 그 명사가 일시적 구호가 아니라 신념과 가치의 프레임이 되도록 반복하는 작업이다. 새로운 표현을 만들고 그것의 반복적 사용을 통해 그것이 실재함을 확신시켜주고 의심하지 않게 해주는, 그래서 기정사실화하는 효과를 창출하는 것이다. 반복은 프레임을 강화시켜주기 때문이다.

사실 역사적으로 볼 때 수많은 권력들이 존재가 확인되지 않는 대상들을 창출했고, 심지어는 존재하지 않는 대상들도 만들어내 국민들에게 반복해 주입시킴으로써 그 권력의 기반을 다져왔다. 정치적 이데올로기가 그것이다. 이데올로기는 자신의 입장을 정당화하기 위해 특정한 언어기호들을 반복적으로 사용하는 경우가 많다. 이 같은 특정 언어기호의 반복 사용은 그것이 지시하는 대상이 마치 객관적으로 존재하는 것처럼 만들어주는 효과를 내기 때문이다.

가령 '법 앞에서의 만인은 평등하다'가 그런 경우인데, 이를 믿는 사람들이 얼마나 될까? 그보다 실제로는 '유전무죄 무전유죄(有錢無罪 無錢有罪)'를 믿는 사람들이 더 많지 않을까? 물론 '법 앞에서의 만인의 평등'이 완전히 허황된 것은 아니지만, 적어도 부와 권력의 실제적인 불평등을 감추어주는 역할을 수행한다는 점만큼은 분명하다.[26]

'인민 민주주의', '프롤레타리아적 연대성' 등의 문구들은 현실적인 어떤 것에 상응하는 것처럼 보인다. 그러나 사실 이에 관련되어 있는 것은 대단히 모호한 현실이다. 적어도 스탈린 시대에 있어서의 '인민 민주주의' 국가들은 실제로는 소련의 정치-경제적 식민지였다. 또 '프롤레타리아적 연대성'이라는 것은 1968년 소련의 체코슬로바키아 침공을 정당화해주었다. 올리비에 르불Olivier Reboul의 지적대로, 이처럼 이름을 붙임으로써 그것이 존재하도록 만드는 주술-종교적인 방식이 통한 경우는 너무나 많다.

우리나라에서도 '빨갱이'나 '종북주의자'라는 용어가 일정한 역할을 해온 것이 사실이다. 이들은 실정법상 체포 대상이므로 진보세력 정치인을 모두 이렇게 부르는 것은 거짓이다. 이른바 색깔론이다.

반복해서 사용하다보면 이름도 어느새 고정돼버린다. 관용표현(숙어)의 기원도 이러하다. 하나의 비유적 표현이 처음 누군가에 의해 쓰이다가 점차 여러 사람에 의해 유포되고 전체 언중으로 파급되어 지속적으로 사용되면 하나의 독립된 표현으로 정착하게 된다. 그리하여 유사한 의미를 나타내는 다른 단어로 바꿀 수조차 없는 지경에 이른다. '콜럼버스의 달걀'을 '콜럼버스의 계란'이라고 할 수 없고, 의도적으로 칭찬을 한다는 뜻인 '비행기를 태우다'를 '항공기를 태우다'라고 할 순 없잖은가!

특정한 언어기호의 반복 사용에 의한 대상 창출 효과를 르불은 '객관화 호칭appellation objectivante의 사용 전략'이라 칭했다. 그것이 지시하는 대상을 마치 객관적으로 존재하는 사물처럼 만들어주기 때문이다. 르불은 이 전략을 창출되는 대상에 따라 두 종류로 분류한다.

첫째는 긍정적 대상 창출이다. 이는 자신의 행위를 (긍정적으로) 정당화하는 데 사용된다. 예컨대 위에서 언급한 대로 '인민 민주주의'라는 말은 소련 위성국들의 식민 현실을 정당화하기 위해 창출되었고, '프롤

•• 러시아의 체코 침공1

•• 러시아의 체코 침공2

복지여왕
복지여왕이 "민주당이 집권하면 두 대 살게
요."라고 자동차 딜러에게 말하고 있다.

레타리아적 연대성'이라는 표현은 1968년 소련이 체코 침공을 정당화
하기 위해 쓰였다.

둘째는 부정적 대상 창출 전략인데, 이는 반대자들에게 부정적 호
칭을 붙임으로써 반대세력의 제거를 정당화하기 위해 사용된다. 예컨
대, 스탈린의 '인민의 적'은 자신의 정적을 숙청하기 위해 만들어졌고,
'복지 여왕welfare queen'은 제도를 오용, 악용, 남용하여 복지카드를 여러
장 만들어 사치를 즐기는 여성을 지칭하는 말로 진보적 복지정책을 비
난하기 위해 만들어졌다. 이는 특히 레이건 전 미국 대통령이 선거 유
세 때 슬로건으로 채택하여 거듭 제시함으로써 많은 유권자들이 실제
대상으로 인식하게 되었지만, 결국 실재하지 않는 대상임이 밝혀졌다.

이처럼 명칭을 부여하고 반복적으로 사용하여 새로운 가치와 신념
이라는 대상을 창출하는 전략은 주로 정치 분야에서 많이 이용돼왔지
만 기업과 같은 조직의 사훈, 판매−마케팅 전략, 정책화에도 적용가능
하고, 개인의 이미지 형성에도 적용될 수 있다.

KEY POINT

지금까지의 이야기를 정리하면 다음과 같다.

1. 상대의 신념과 가치에 맞춰라. 때로는 단 한 번의 감동적인 연설과 대화를 통해서도 상대를 설득할 수 있다.

2. 나와 상대의 공통적 신념과 가치관으로 접근하라. 이때 만능 키워드가 도움이 된다.

3. 새로운 가치와 신념에 명칭을 부여하고 반복적으로 제시하라. 상대의 마음속에 새로운 대상으로 자리 잡을 것이다.

제 4 장

감정에 기반을 두라

설득을 위한 프레임 사용법의 마지막 원칙은 감정에 기반을 둔 프레임을 작성하라는 것이다.

제1부 2장에서 우리는 사고의 동력이 신념과 함께 감정이라는 점을 살펴보았다. 특히 감정은 이성이 활동할 수 있도록 에너지를 공급하고 승인하는 역할을 함으로써 사고를 움직이는 주체라는 점을 보았다. 따라서 설득을 위한 프레임을 작성할 때 반드시 감정을 바탕으로 하는 것이 반드시 필요하다.

그럼에도 많은 사람들은 이와 반대로 상대를 설득하려든다. 대표적인 사례로, 충분히 살 수 있었음에도 불구하고 배심원들의 감정을 상하게 하여 사형 판결을 자초한 '위대한 철학자인 동시에 어리석은 설득자' 소크라테스의 사례를 보았다. 이제 반대로 사람을 죽이고도 멀쩡히 살아남은 정치가의 이야기를 들어보자. 그의 이름은 브루투스^{Marcus Iunius Brutus}다.

브루투스는 독재자의 길을 걷기 시작한 시저^{Julius Caesar}를 원로원 회의장에서 암살했다. 그리고 다음날 로마 시민을 상대로 자신의 행위를 정당화하는 연설을 한다. 비록 시민들을 완전히 설득하지는 못했지만, 그토록 존경과 사랑을 받았던 시저의 살해범인 그가 죽임을 당하지 않고 목숨을 부지할 수 있었던 것은 그 놀라운 연설 덕분이었다. 그는 결코 정치적 논리에 기대어 대중을 설득하려 하지 않았고, 반대로 애국심, 눈물, 사랑, 용기, 존경 등의 다분히 감정적인 어휘로써 철저하게 감정에 의존한 프레임을 작성하였다. 그는 결코 자신의 행위의 정당성을 객관적으로 증명하려들지 않았다.

1. 브루투스 연설의 비밀

시저보다 로마를 더 **사랑**하기에

나의 사랑하는 로마 시민 여러분!

잠시 동안 조용히 나의 말을 들어주시기 바랍니다.

나의 인격을 믿고 나의 명예를 생각하여 이 브루투스의 말을 의심치 마십시오.

여러분은 잘 분별하는 마음으로 냉정하게 내 말의 옳고 그름을 판단하여 주시기 바랍니다.

만약 여러분 가운데 시저를 **사랑**하는 분이 계시다면, 나는 그에게 이 브루투스의 시저에 대한 **사랑**이 결코 여러분에게 뒤지지 않는다는 사실을 말씀드리려 합니다.

이렇게 말씀드리면 여러분은, 그렇다면 무슨 까닭으로 시저를 죽였느냐고 나무랄 것입니다.

시저를 **사랑**하는 마음이 모자라서가 아니라 로마를 **사랑**하는 마음이 더욱 컸기 때문입니다. 이것이 나의 대답입니다.

시저로 하여금 살아서 노예처럼 죽게 할까요, 아니면 죽어서 자유인으로 살게 할 것입니까?

그가 **용감**하였던 까닭에 나는 **존경**합니다. 하지만 그가 옳지 못한 야심을 품고 있었기 때문에 눈물을 흘리며 그를 죽였습니다. 야심에 대해서는 죽음이 있을 따름입니다.

여러분 가운데는 좋아서 노예가 된 사람이 있습니까?

나라를 **사랑**하지 않는 사람이 어디 있습니까?

만약 있으면 있다고 말씀하십시오. 나는 여러분의 대답을 기다리겠습니다.

한 사람도 없습니다.

그렇다면 여러분은 내가 한 일을 책망하지 않는다는 것으로 알겠습니다.

내가 시저에게 한 일은 여러분이 이 브루투스에 대하여 하셔야 할 일이 아
니겠습니까? 시저의 죽음 경위는 '캐피탈' 전당기록에 남겨져 그의 영광이
손상됨이 없이, 그의 죄과도 더 이상 지워지는 일 없이 전해질 것입니다.

오! 시저의 시체 옆을 마크 안토니오가 울며 올라옵니다.

안토니오는 시저를 죽이는 일에 가담하지 않았습니다마는, 여러분과 함께
시저의 몰락으로 복리를 받은 공화국의 일원이 될 것입니다.

이 브루투스는 나라를 위해서 **눈물**을 머금고 가장 **사랑**하는 친구를 죽였
습니다.

만약 로마가 브루투스의 죽음을 원한다면, 브루투스는 언제든지 시저를
죽인 것과 똑같은 칼을 이 몸에 받기를 사양하지 않을 것입니다.

2. 글래드스턴의 화법 vs 디즈레일리의 화법

영국의 빅토리아 여왕 시대에 쌍벽을 이루던 두 정치인이 있었다. 한 사람은 윌리엄 글래드스턴William E. Gladstone, 1809~98으로, 12년 동안이나 수상 직을 역임했던 정치인이다. 그는 부유한 상인의 아들로 태어나 명문인 옥스퍼드 대학의 크라이스트 처치를 나와 고전과 수학에서 수석을 한 수재였다. 그는 총리를 4선이나 했으며 해박한 지식과 뛰어난 웅변으로 대중을 매료시킨 사람이다.

다른 한 사람은 벤저민 디즈레일리Benjamin Disraeli, 1804~81로, 보수당 정치인이었다. 법률과 문학을 공부했으며 문인으로도 명망이 높았다. 의회정치 실현에 크게 기여하며 수상으로 두 번 봉직했다.

● 윌리엄 글래드스턴   ● 벤저민 디즈레일리

정치적 성향이나 기질이 서로 대조적인 이 두 사람과 모두 교분을 나누었던 사교계의 여왕이 있었으니, 그녀는 윈스턴 처칠Winston Churchill의 어머니 제니 제롬Jennie Jerome이다. 그녀의 회고록을 보면 이런 내용이 나온다.

> 글래드스턴 옆에 앉으면 나는 그가 영국에서 제일 똑똑한 사람이라는 생각이 들었다. 그러나 내가 디즈레일리 옆에 앉으면 그는 내가 영국에서 가장 똑똑한 여자라고 느끼게 해주있다.

우리는 과연 글래드스턴의 화법을 배워야 할까 아니면 디즈레일리의 화법을 배워야 할까? 대답은 자명하다.

L'important n'est pas de convaincre, mais de donner à réfléchir.
중요한 것은 설득하는 것이 아니라 숙고할 것을 주는 것이다.

베르나르 베르베르(Bernard Werber)

제 3 부

나의 호감도를 높이는
대화 기술

제2부에서 배웠듯이, 상대를 설득하기 위해서는 내 생각을 좋은 프레임에 담아서 상대에게 제시해야 하는데, 그 기본 원칙은 새 프레임의 도입, 프레임의 선점, 신념 및 감정에 기반을 둔 프레임의 작성이다. 그렇다면 남은 일은 무엇일까? 프레임을 만들기 위한 새로운 관점의 도입이다. 우리는 늘 고정관념이 이끄는 대로 상황을 바라보고 있다. 고정관념에서 벗어나서 새 것을 보아야 한다.

제3부에서는 '나의 호감도를 높이는 대화 기술'로 새로운 관점을 도입하는 방법을 살펴본다. 새로운 관점을 도입하는 데 도움이 될 6가지 사고법을 소개한다. 앞의 첫째~셋째 방법은 대화 도중에 상대방을 설득하거나 반박할 필요가 있을 때 도움이 되고, 넷째와 다섯째 방법은 상대를 비판하거나 칭찬해야 할 상황에서 활용할 수 있다. 마지막 방법은 슬로건을 만들 때 참고가 될 것이다.

이런 사고법은 문제에 대한 해결책을 쉽게 찾지 못할 때 새로운 관점을 열어주기 위한 것들이다. 알고 보면 이미 알던 것일 수도 있지만 알기 전에는 결코 쉽게 생각할 수 없는 것들이다. 즉 콜럼버스의 달걀이다. 해결책이 무엇인지 아는 것보다 해결책을 얻기 위해 관점을 전환하는 방법을 아는 것이 더 중요하다.

제 1 장

대화의 본질로 돌아가라

: 본질회귀법

꼭 공부 못하는 아이들이… (우물에 독 뿌리기)

*

어느 고등학교의 교무실. 학생 둘이 선생님 앞에 서있다. 선생님은 교무주임이고 학생들은 자기 반을 대표해서 요구사항을 관철하기 위해 와 있다. 최근에 특별활동시간이 대학입학에 직접 도움이 안 된다고 다른 시간으로 대치되거나 툭하면 없어지는 등, 정상적으로 운영되지 않는 경우가 많았기 때문에, 학생들은 특별활동 시간을 제대로 운영해달라고 요청한 것이다. 그런데 주임선생님의 답변은 이러했다.

"얘들아, 지금 때가 어느 때인데 한가롭게 이런 걸 갖고 날 만나러 오니? 한 자라도 더 읽고 외워야 할 시간에, 뭐, 특활 시간을 지켜달라고? 너희들 대학 갈 생각이 있는 거냐?"

학생들은 어떻게 대꾸해야 할지 난감했다. 이어지는 선생님의 말씀은 이들을 절망으로 이끈다.

"꼭 공부 못하는 아이들이 특활 시간을 지켜달라느니, 야간 자율 학습을 폐지하라느니 한다니까."

특히 '공부 못하는 아이들'이라는 말은 가슴에 비수로 꽂혔다. 학생들은 뭐라고 말해야 할지 몰랐다. 이대로 그냥 물러나면 자신들을 대표로 보낸 학생들의 원망을 견뎌낼 자신이 없고, 그렇다고 막무가내로 우길 수도 없는 노릇! 학생들은 어떤 논리를 펴야 할지 알 수가 없었다. 이들을 이토록 난감하게 한 것은 교무주임 선생님이 편 '우물에 독 뿌리기fallacy of poisoning the well 논리' 때문이다.[27) 이는 논증에 대한 반론의 가능성을 원천적으로 봉쇄함으로써 자신의 주장을 옹호하는 논증인데, 논리적으로는 오류이지만 많은 사람들이 이에 효과적으로 대응하지 못한다. 우물에 독을 타놓듯이, 상대의 주장을 흑백논리로 왜곡-해석하기 때문이다. 즉 세상의 모든 학생을 대학에 가고 싶어 열심히 공부하는 학생들과 거기에 관심이 없는 낙오자들로 나눈 다음, 요청을 하러 온 학생들은 후자에 속하는 나쁜 학생들이라는 논증을 펴고 있는 것이다. 그뿐 아니라 상대의 약점, 즉 그들이 공부를 못하는 그룹에 속한다는 사실을 콕 집어서 지적함으로써 반론을 제기할 가능성마저 원천 봉쇄해버리는 것이다.

게다가 고등학생들의 정당한 권리를 전혀 고려하지 않고, 고교 교육을 오직 대학 가기 위한 방편으로 축소-왜곡한 점도 논리적 오류인데다, 특별활동 보장이나 자율학습 축소는 공부를 못하는 학생들만이 원하는 것이라는 전혀 근거 없는 주장에 기댄 것도 오류다.

이럴 때는 어떻게 해야 할까? 상대가 오류를 범했고 내 주장이 정당함에도 이를 관철시키기가 매우 어려운 역설적 상황이다. 우리는 살면서 이러한 어처구니없는 상황을 자주 경험한다. 상대의 주장에서 즉각적으로 오류를 발견하기도 쉽지 않지만, 설사 발견한다 하더라도 따지는 듯한 태도를 취할 때 내 주장이 받아들여진다는 보장은 더욱 없다. 왜? 상대가 갑甲이고 내가 을乙이니까.

그렇다면 상대의 자존심도 거스르지 않으면서 반론을 펼칠 방법은 무엇일까? 반박을 어렵게 하는 요인은 갑을 관계 외에 또 있다. 약점을 지적당하거나 공격 받는다든지 상대방의 터무니없는 주장에 감정이 크게 상했을 때는, 내가 차분하고 냉정하게 반론을 준비할 정신적 여유가 없다는 점이다. 지금 이 학생들의 경우가 그렇다.

게다가 공부 못하는 것이 사실이라면, 그걸 부정할 수도 없고 감정에 휩싸여 "공부 못하면 학생도 아닌가요?"라고 되받을 수도 없다. 그렇게 말하면 논점이 그 쪽으로 옮겨지게 되니까. 논점을 이탈하면 본론은 꺼내지도 못한 채 엉뚱한 토론만 하다가 끝날 공산이 매우 크다.

이런 문제에 정답이 있는 것은 아니지만, 첫 번째 원칙은 본질로 돌아가라는 것이다. 그러니까 교사의 본질은 무엇일까? 그것은 학생들을 지도하는 사람이다. 그렇다면 이런 관점에서 이 문제를 접근하여 '학생 지도'라는 프레임을 구성하는 것이다. 만일 선생님께 "저희를 잘 지도 해주세요."라고 말한다면 그것을 거부할 선생님은 없을 것이다.

"선생님, 저희들이 공부를 열심히 하는데도 성적이 안 올라요. 속상 해요. 그래서 특기적성으로 대학을 가는 게 좋으니까 특활이 정말 중요 하거든요. 선생님께서 잘 지도해주시면 저희에게 큰 두움이 될 것 같아 요. 늘 그러셨듯이 잘 부탁해요, 선생님!"

이렇게 말하면 주임선생님도 요청을 받아들일 가능성이 높을 것이 다. 본질회귀의 원칙은 제1부 2장 2절에서 말한 '대표의미 효과'를 역이 용하는 전략이기도 하다. 즉 본질회귀법은 일종의 대표의미 회귀법이 기도 하다.

자료를 제시하세요, 자료를!

＊

어떤 보직 교수가 자신이 속한 대학의 한 회의에서 새로운 아이디 어를 제시했다. 이 아이디어는 신선했고 다소 파격적이기까지 했다. 그 래서 많은 사람들이 솔깃해하는 분위기였다. 그러나 무릇 아이디어의 좋고 나쁨은 결국 실행 가능성에 의해 판가름이 나는 법! 특히 총장은 주장의 근거와 그것을 뒷받침하는 자료를 중시하는 스타일이었다. 그래서 이렇게 물었다. "그렇게 말씀하시는 근거가 뭡니까? 다른 학교에서는 어떻게 하고 있나요? 자료를 제시하세요, 자료를."

제안을 한 보직 교수는 난처해졌다. 그는 이렇게 생각했다. "아니 아이디어를 내라고 해서 낸 것뿐인데, 어떻게 자료까지 제시하란 말인가? 더구나 새로운 일에 무슨 자료가 있다고?" 그렇지만 자료는 없다고 이야기할 수도 없다. 설득력이 없으니까. 그는 총장이 제시한 자료 프레임이 빠져 매우 곤란해졌다. 그러나 다행히 그는 곧 본질회귀를 이용해 새로운 프레임으로 답변할 수 있었다.

"총장님, 이것은 자료의 문제가 아닙니다. 이것은 철학의 문제입니다." 이어서 덧붙였다. "도대체 우리가 이 사업을 왜 하는 겁니까? 우리의 교육 철학, 우리의 교육 목표를 실천하려는 것이 아닙니까? 자료 이전에 우리의 철학을 위해 이 방향으로 나아가야 한다고 생각합니다." 이번에는 총장이 상대의 프레임에 빠져 수긍하지 않을 수 없었다.

우리가 추구하는 본질적 가치는?

＊

2013년 7월 9일 미국 캘리포니아주 글렌데일에 일본군 위안부 소녀상 제막을 앞두고 공청회가 열렸다. 일본계 주민들이 대거 참석하여 거세게 반발했다. 알렉스 우 글렌데일 자매도시 위원장은 일일이 반박하지 않았다. 만일 그랬다면 일본계 주민들이 제시한 위안부 존재의 진실 공방이라는 프레임에 갇혀서 빠져나오기 어려웠을 것이다. 본질을 떠난 끝없는 논쟁만 남을 테니까.

혼란스러울수록 본질로 돌아가야 한다. 도대체 어떤 가치가 우리에게 중요한가, 우리가 추구하는 본질적 가치는 무엇인가를 생각하는 것이다. 사실 일본계 주민들이 반발하는 것은 자신들이 저지른 행위가 인류의 평화와 화해에 반하는 반인륜적 범죄로 규정됨으로써 자신들의 뿌리인 일본의 명예가 훼손되고 국격이 떨어질까 두렵기 때문이다. 이럴 때 일본의 명예가 훼손되는 것에 초점이 맞추어진다면 그들의 반론은 끝나지 않을 것이다. 따라서 더 본질적인 문제인 인류의 평화와 화해라는 가치에 초점을 맞추어 접근한다면 받아들이지 않을 수 없을 것이므로 보다 바람직한 방법이 될 것이다.

글렌데일 위원장은 현명하게도 이 같은 본질회귀법을 적용해 이렇게 답했다. "소녀상은 일본을 처벌하자는 게 아니라 진정한 평화와 화해를 이루자는 하나의 약속입니다." 그러자 더 이상의 반론이 없이 조용해졌다.

내가 문병한다고 그 사람이 낫습니까?

*

살다 보면 정말 어이없는 황당한 말을 하는 사람과 부딪칠 때가 있다. 언젠가 케이블 TV의 한 사건사고 재연 프로그램을 시청하다가 다음과 같은 대화를 나누는 남녀를 보았다.

> 처형: (아픈 동생에게 문병을 안 하는 제부에게) 왜 병문안도 안 해?
> 제부 : 내가 문병한다고 그 사람이 나아요?
> 처형 : (기가 막혀 하며)…? 말하는 것 좀 봐….

대부분의 사람들은 이런 황당한 질문에 기가 막힌 나머지 적절한 대응조차 못한다. 기껏해야 '이런, 말하는 버릇 하고는!' 하면서 화를 내거나 혼자서 넋두리나 하고 만다. 즉 사람이 그러면 못쓴다는 당위론적 접근에 머물고 만다.

상대의 황당한 말에 왜 제대로 대응하지 못할까? 너무나 당연하고 기본적이고 자명해서, 설명할 필요도 없고 지금까지 설명한 적도 없기 때문이다. 그리고 그 어이없는 언어 표현이 쳐놓은 황당한 프레임에 갇히게 되어서 새로운 프레임을 떠올리기가 어렵기 때문이다.

이럴 땐 어떻게 하면 좋을까? 역시 본질회귀가 도움이 된다. 문병의 기본 목적이 무엇인가? 문병의 목적은 병을 낫게 하려는 것이 아니라 걱정이 되어서다. 그리고 그것이 기본예의다. 따라서 문병의 본질을 프레임에 담아서 제시하는 것이 필요하다.

> "병을 낫게 하려고 문병하나? 문병으로 나을 것 같으면 세상에 아픈 사람 하나도 없겠네?! 문병은 낫게 하려고가 아니라 걱정이 돼서 하는

거야. 제부는 걱정도 안 되는 모양이군. 그리고 인간으로서의 기본 예의가 있지. 제부는 인간으로서 기본 예의도 없는 모양이군."

이렇게 말하면 상대방도 뭔가 대답을 해야 할 텐데 반론 제기가 쉽지 않을 것이다.

'서로 존중하자'는 틀

*

의장이 회의를 편파적으로 진행하는 경우가 있다. 예컨대 의장이 위원들의 의견을 잘 반영하지 않고 자기 뜻대로 회의를 진행한다면 지적해야 할 것이다. 이럴 경우 의장 책무의 본질을 프레임으로 제시할 수 있다. 즉 '의장은 위원의 의견을 존중해야' 한다는 프레임에 입각해 이렇게 반박하는 것이다. "위원장이라면 위원들의 의견을 존중해야 하지 않나요?"

한 대학에서 신임교수를 선발하는데, A학과에서는 복수추천의 원칙에 따라 B와 C를 후보로 지정해 심사위원회에 제출했다. 그러면서 B후보를 더 우선하여 추천한다는 의견을 달았다. 그런데 심사위원회에서는 학과 의견과 달리 C 후보가 더 우수해 보여서 갈등의 소지가 생겼다. 그래서 A학과의 학과장에게 이런 의견을 알리기로 했다. 비록 둘중 한 사람을 낙점하는 것이 심사위원회의 고유 권한이기는 하지만 원

만한 처리를 원했던 것이다.

그런데 전화를 받은 학과장은 강력하게 반발한다.

"해당 전공의 전문가들인 학과 교수들이 결정한 일이다. 본부에서 무슨 전문성이 있다고 뒤집느냐? 우리 결정대로 안 하면 가만있지 않겠다."

심사위원장은 어떻게 대답할까 난감해졌지만 이내 차분하게 '모든 규정과 절차는 존중되어야 한다'는 프레임으로 이렇게 답했다.

"우리가 학과의 결정을 존중했듯이, 학과도 우리를 존중했으면 좋겠습니다."

이처럼 상대가 공격적으로 나올 때 상호존중이라는 프레임을 제시하는 것은 매우 유효하다.

이 친구, 또 억지 부리네

*

대회를 운영하다보면 마감이 지나도록 서류를 제출하지 못한 지원자들이 항의하는 일은 매우 흔하다. 그중에는 좀 거칠게 항의하는 사람들도 있게 마련이다.

> A : 겨우 1~2분 늦은 걸 가지고 마감 시간 지났다고 절대 인정 안 해준다니 여기가 무슨 군대야 뭐야?

이럴 경우 담당자는 난감하다. 규정대로 운영하는 것이 당연한데도 억지를 부리는 사람에게 엄격한 태도를 보이면 불친절하다고 소란을 피울 것이고, 또 민원을 제기하면 담당자도 골치 아플 뿐 아니라 대회 사이트에 불만이 넘칠 테니 그러기도 쉽지 않다. 이럴 때는 역시 본질 회귀법이 좋다. 대회 운영에 있어 본질은 지원자들에게 공평한 기회를 부여하는 것과 원활한 운영이고, 이를 위해서는 규정의 엄격한 적용이 필수라는 점을 강조하는 것이다.

> B : 선생님, 저희는 모든 지원자들에게 공평해야 하기 때문에 마감시간을 엄격하게 지킬 수밖에 없습니다. 안 그러면 다른 지원자들이 항의를 하지 않겠습니까. 더구나 수백 명이 지원하는 대회의 운영을 위해서는 필수적입니다. 이해해주시기 바랍니다.
> (그럼에도 이렇게 협조해주시지 않으면 저희로서도 조치를 취할 수밖에 없습니다. 정상적으로 업무를 수행하는 것을 잘못된 운영으로 매도하시면 곤란합니다.)

대학에서 실시하는 교양강좌에 대해 불만을 제기하는 학생들이 간혹 있다. 매주 한 번씩 사회 각 분야의 전문가를 초청하여 강연을 듣고 보고서(감상문)를 쓰면 학점을 받는 방식으로 운영되는데, 몇몇 강연이 마음에 들지 않자 보고서에 감상문 대신 불만만 잔뜩 써놓고 강연에 대한 조롱과 욕설까지 쓴 학생이 있었다. 위원회가 소집되었고 이 학생에게 학점을 주면 안 된다는 의견이 다수를 이루었다. 그러나 강좌의 운영위원장이었던 나로서는 단지 학점을 안 주는 것이 능사가 아니라 이

학생을 계도하는 것이 필요하다고 생각했다. 그렇지 않으면 이 학생은 학점을 못 받고 불만을 키울 것이며, 본인의 잘못은 모른 채 유사한 상황에서 같은 행동을 함으로써 올바른 사회인으로 성장하지 못할 것 같은 생각이 들었기 때문이다. 그래서 나는 다음과 같은 이메일을 보냈다. 당시 내가 채택했던 프레임은 교양강좌 설립의 목적과 운영 목표라는 본질을 언급하는 것이었다.

> □□□ 학생에게
> 학생은 강의에 대한 비판으로 가득한 중간 소감문을 제출했습니다. 강좌의 개선을 위한 건설적 비판이라면 좋지만, 학생의 소감문 내용은 그게 아니라 조롱과 비아냥거림으로 해석됩니다. 소감문은 강좌의 목적상 자기계발을 위해 작성하는 것이지, 그런 내용을 담는 것이 아닙니다.
> 비판정신은 지성인에게 매우 중요하고 필요한 덕목이나, 이 강좌의 목적은 아닙니다. 강좌의 목적에 부합하지 않는 내용은 수강에 의한 학점 부여의 대상이 되지 않습니다. 학생은 시험 답안지에 질문에 대한 답변 대신에 그 강의에 대한 비판을 적은 것과 마찬가지입니다.

이 학생은 자신의 잘못을 뉘우치는 장문의 답장을 보내왔다. 특히 본인이 예전에도 비슷한 잘못을 저질렀었다며 이제는 고치겠다고 한 것이 생각난다.

제 2 장

'더 중요한 무엇'을 찾애내라

: 가중 선택법 / 차원 전환법

딜레마에서 벗어나기

*

앞으로 제3장과 제4장은 딜레마 상황을 다룬다. 쉽게 말해 딜레마란 A를 취하자니 B를 포기해야 하고, B를 취하자니 A를 포기해야 해서, 이러지도 저러지도 못하는 상황이다. 살다보면 이런 상황을 무수히만나게 된다. 하루에도 몇 번씩 이런 선택의 기로에 서게 된다.

이처럼 두 개의 대립개념 구조에 빠져, 즉 서로 충돌하는 두 개의선택지 앞에서 결정을 내리지 못할 경우 해결책은 둘 중의 하나다. 먼저 두 선택지 가운데 하나에 더 큰 가중치를 두어 선택한 뒤 다른 하나를 보완하는 방법이다. 이를 '가중 선택법'이라 하자. 다른 해결책은 두가지 모두를 포괄할 수 있는 새로운 차원으로 문제에 접근하는 방법이다. 이를 우리는 '차원 전환법'이라 부르고자 한다. 전자를 제3장에서 다루고 후자를 제4장에서 다루기로 한다.

휴대폰 좀 내려놔!

*

요즘 학생들은 대부분 휴대폰을 잠시도 손에서 떼놓지 못한다. 오늘도 아이가 밥 먹을 때 휴대폰을 보고 있다. 보기가 참 불편하다. 더구나 어른이 얘기하고 있는데도 채팅을 멈추지 않는다. 당연히 화가 난다. 그러나 화를 내면 논쟁이 벌어진다.

"밥 먹을 때는 휴대폰 내려놓을 수 없냐?" 혹은 "어른이 말씀하실 때는 휴대폰 하지 마!" 혹은 "너 학교에서 선생님이 말씀하실 때도 그러냐?" 등등.

이럴 때 돌아오는 대답은? "아, 참, 맨날 휴대폰 갖고 뭐라 그래." 아니면 "톡이 올 때 바로 답하지 않으면 안 된단 말이에요."

화를 내면 아이도 반발하고 부모는 그런 것도 이해 못하는 꼰대가 되고 만다. 말싸움이 이어지고 분위기는 망가진다. 그렇다고 지적을 안 하고 넘어가자니 자식 교육이 안 되니 속이 부글부글 끓는다. 심지어 이 녀석이 나를 무시하나 싶어 부모의 권위의식에 상처가 난다.

결국 부모는 화를 낼 수도 안 낼 수도 없는 딜레마에 빠진다. 부모가 지적하면 야단맞기 싫어하는 자식은 대화를 거부하게 된다. 부모의 훈계는 한낱 잔소리요 듣기 싫은 소리일 뿐이니까.

특히 아이가 한참 만에 돌아온 경우엔 더 어렵다. 부모의 의도는 아이를 차분히 설득하려는 것이지만, 아이 입장에서는 오랜만에 왔으니 편안하게 쉬고 싶은데 잔소리가 짜증나는 것이다. 진지한 대화와 편안한 휴식의 대립! 서로의 욕망의 충돌이 빚어내는 딜레마다.

통상 '딜레마에 빠졌다'고 말하는데, 일상 언어에서 딜레마라는 것은 난관에 봉착해서 이러지도 저러지도 못하는 딱한 사정을 일컫는다. 어원을 따지면 희랍어에서 유래한 것으로 '두 개di의 가정lemma'을 의미한다. 여기서 아주 상세한 설명을 할 필요는 없겠지만, 논리학에서는 딜레마를 일종의 삼단논법으로 분석한다.[28]

쉬운 예를 통해서 한번 살펴보자. 신파극 〈이수일과 심순애〉에서 '돈을 따르자니 사랑이 울고, 사랑을 따르자니 돈이 운다'라는 심순애의 딜레마는 다음과 같이 분석될 수 있다.

●● 이수일과 심순애 공연 포스터

▶ 대전제 2개

  1. 돈을 따르면 사랑이 운다.

  2. 하지만 사랑을 따르면 돈이 운다.

▶ 소전제 : 그런데 나는 돈을 따르거나 혹은 사랑을 따른다.

▶ 결론 : 따라서 사랑이 울거나 돈이 운다.

이 같은 딜레마에서 벗어나는 첫 번째 방법은 대전제를 이루는 두 개의 명제 중 하나를 선택하는 것이다. 즉 둘 중 하나가 혹시 사실이 아닌지 의심해보고, 만일 사실이 아닌 것으로 드러나면 다른 하나를 선택하는 것이다. 그리고 만일 둘 다 사실이거나 둘 다 약간씩의 거짓이 들어있다면 부득이 그 두 명제의 가치를 따져보고 더욱 중요한 것을 선택하면서 나머지 하나는 보완한다. 이를 우리는 가중 선택법이라 부르고자 한다. 심순애의 경우는 두 명제가 모두 사실이어서 고민 끝에 돈을 택한다.

이제 위에서 제시한 부모-자식 간의 딜레마를 이 같은 방식으로 분석하면 어떻게 될까?

▶ 대전제 2개
  1. 지적을 하면 아이가 반발할 것이다.
  2. 하지만 지직을 안 하면 교육이 안 된다.
▶ 소전제 : 그런데 나는 지적을 하거나, 지적을 하지 않는다.
▶ 결론 : 따라서 아이가 반발을 하거나 교육이 안 된다.

여기서 대전제의 두 명제를 재검토해보자.

우선 첫째 명제의 문제점을 볼 수 있다. 지적을 한다고 반드시 아이가 반발하는 것은 아니지 않은가! 기분 나쁘지 않게끔 지적하면 아이가 받아들일 수 있을 테니까. 진지하되 무겁지 않은, 편안한 대화를 하면 가능할 것이다. 요컨대 여기서의 전제는 말을 잘 해야 한다는 점이다. 기분 나쁘지 않게. 물론 이것이 쉽진 않다. 자칫 잘못하면 오히려 서로 기분만 나쁘게 만들고, 그러다 결국 말싸움이 되고, 결국 안 하느니만 못하게 될 수도 있다. 사실 이렇게 될 것이 두려워서 많은 경우 결행하지 못하는 것이다. 만일에 정 자신이 없다면 섣불리 하지 않는 것이 좋다.

그럼, '지적을 안 하면 교육이 안 된다'는 둘째 명제는 어떨까? 지적을 안 하는 것이 꼭 교육을 포기하는 것일까? 그렇진 않을 것이다. 게다가 지금 당장 지적해야 하는 것도 아니지 않는가! 시간을 갖고 천천히 교육하는 것도 방법이 아닌가? 지금은 괜한 분란을 만들지 말고 차라리 참고 넘어가 좋은 분위기를 만들고, 아이의 장점을 칭찬을 하여 아이의 기분을 좋게 해줄 수 있다. 특히 '집에만 오면 부모가 잔소리 한다'는 생각을 안 하도록 말이다. 그러다 적당한 시점이 와서 아이가 편하게 말을 들을 수 있는 상황이 되면, 그때 이야기하는 것이다.

이렇게 두 명제를 검토해보니 나름의 허점들이 나타났다. 각각에 약간의 거짓이 포함되어 있는 것이다. 앞서 언급했듯이 이런 경우에는 둘 중 하나를 선택하고 다른 하나는 보완하면 된다. 부모의 기본적인 훈육 방식이나 아이의 기질 등을 고려해 (1) 아이의 기분이 상하지 않도록 잘 다독이면서 말하고 아이가 받아들이도록 대화를 나누거나, (2) 일단 넘어가고 추후에 아이가 마음이 편할 때 이야기함으로써 지적을 수용하도록 하면 될 것이다.

아이의 양육방식에는 흔히 두 가지 상반된 방식이 있음을 우리는 잘 알고 있다. 예컨대 "아이는 엄하게 가르쳐야 한다" vs "아이는 민주적으로 교육해야 한다"가 그것이다. 그런데 전자에 대해서 우리는 흔히 '너무 엄하게 하면 아이가 기를 못 편다'는 반론을 제기하고, 후자에 대해서는 '너무 민주적으로 가르치면 아이가 버릇이 없어진다'는 반론을 제기한다. 이러한 반론들은 결국 두 명제가 모두 전적으로 참이 아님을 말해준다. 따라서 한 명제를 선택하고 다른 명제를 보완하는 식으로 해결책을 마련할 수 있다. 즉 (1) 아이는 엄하게 가르치지만 두려움을 느끼지 않도록. (2) 민주적으로 가르치지만 아이가 버릇없게 되지는 않도록. 물론 둘 가운데 어느 것에 가중치를 더 둘지는 결국 '우리 아이는 어떤 기질이나 성격인가? 그동안 어떤 환경에 처해 있었던가? 우리 아이에게 무엇이 더 필요한가?'와 같은 물음에 답해봄으로써 결정할 수 있다.

시간이 없는데 말이 너무 길어...

*

회의를 하다 보면 한 사람이 발언을 너무 장황하게 늘어놓을 때가 있다. 이럴 때 무작정 듣고 있자니 언제 끝날지 알 수 없고 시간 낭비가 커서 모두들 불만이다. 그렇다고 "글쎄 그 얘기는 알았으니, 그만하시죠" 혹은 "여기 그거 모르는 사람 없거든요"라고 말하면 상대를 무시하거나 핀잔을 주는 것이 되어 좋은 방법은 아니다.

좋은 해결책은 무엇일까? 두 명제 가운데 더 중요한 것이 무엇일까? 물론 발언을 중단시키는 것이리라. 안 그러면 무한정 듣고 있을 수밖에 없을 테니까. 즉 발언을 중단시키는 데 가중치를 두어 일단 이를 택한다. 결국은 발언을 중단시키되 상대가 기분 나쁘지 않게, 즉 자존심 상하지 않게 말하는 것이 필요하다. 그렇다면 어떤 방식이 좋을까?

말을 길게 하는 사람에게 말을 자르되, 그의 발언에 의미를 부여해주고 감사를 표시하는 것이 좋다. 예컨대, 다음과 같이 말하는 것이다.

"그러니까 ~란 말씀이시죠?"
"말씀하시는 취지는 잘 이해된 것 같습니다. 공감이 갑니다."
"생각해 볼 점이 많네요."
"핵심을 찔렀습니다."
"좋은 말씀입니다. 좋은 의견 주셔서 감사합니다."

만일 여러 명이 토론하고 있는 상황이라면 이렇게 말을 한 다음 존중하는 의미에서 박수까지 유도하면, 비록 자신의 발언이 중단되었다 하더라도 취지가 이미 전달되었고 인정과 감사의 박수까지 받은 터라 불만이 없어진다. 하고 싶은 말이 더 있다 해도 불만을 표명할 순 없을 것이다.

말하는 분량, 듣는 분량

*

대화할 때 듣는 양과 말하는 양의 비율을 생각해보자. 네 가지 경우의 수가 나올 것이다. 그 가운데 물론 '많이 듣고 조금 말하기'가 최선이리라. 이 사실을 누구나 잘 알면서도 실천이 잘 안 될 뿐이다. 반대로 최악은 '조금 듣고 많이 말하기'. 늘 경계해야 할 점이다.

그렇다면 나머지 두 경우는 어떤가? '많이 듣고 많이 말하기'가 차선次善일까 아니면 '조금 듣고 조금 말하기'가 차선일까? 둘 다 듣고 말하는 비율이 같으니 생각하기 나름이겠지만, 그래도 '많이 듣고 많이 말하기'가 좀 더 나을 것 같다. 어쨌거나 많이 들어주는 것, 즉 경청이 중요하기 때문이다. 따라서 '많이 듣고 많이 말하기'가 차선이 되고, '조금 듣고 조금 말하기'가 차악次惡이라고 생각된다.

계속 우길까, 물러날까?

*

토론을 하다보면 상대의 주장에 비해 내 주장이 설득력이 떨어진다고 느낄 때가 있다. 이럴 때 내 주장을 계속 유지하자니 고집스러운 사람으로 비칠 우려가 있고, 상대방의 주장을 따르자니 머쓱하기도 하고 체면도 깎일 것 같다. 정말 흔히 만나는 딜레마다. 이럴 때는 어떻게 할까?

곰곰 생각해보라. '상대의 말을 따르면 내 체면이 손상된다'는 항상 참이 아님을 알 수 있다. 위의 경우, 상대의 주장을 흔쾌히 수용하는 것이 좋다. 즉 상대 의견에 동의하고 가능하면 칭찬까지 해줌으로써 내가 열린 사람이라는 점을 보여 준다. 이렇게 되면 나의 체면도 유지할 수 있다. 고집 부리는 행동이 오히려 내 명예를 손상시키고, 칭찬해주면 상대와 대등하다는 느낌, 혹은 심지어 상대보다 우월하다는 느낌을 줄 수 있다.

그의 부탁, 들어줄까 말까?

*

　모임에서 한바탕 웃음꽃을 피우며 즐거운 시간을 보내고 서로 헤어지는 상황이다. A는 사람들에게 같은 방향으로 가는 사람이 있으면 태워주겠다고 제안한다. B가 타겠다고 나선다. A는 B를 태우고 출발한다. 그런데 B가 갑자기 어떤 가게에 맡겨놓은 물건을 찾고 싶다며 잠깐 들렀다 갈 수 있겠냐고 묻는다.

　A는 황당하다. 부탁을 들어주면 너무 돌아가게 된다. 맡겨놓은 물건을 꼭 지금 찾아야 하는가 말이다. 그럼에도 B는 굳이 요구하는 눈치다. 데려다주면 B가 좋아할 테지만, A는 몹시 귀찮고 그의 요구가 지나치다고 생각된다. 안 데려다주면 A는 편하지만, B는 자신의 요청이 거절당해 민망하고 서운할 것이다. 어떻게 할지, 딜레마다. A는 두 명제 중 어떤 것을 택해야 할까? 각각의 내용을 검토해야 할 텐데, 이럴 경우 B가 어떤 사람이냐를 고려해야 할 것 같다.

　만일 B가 고마움을 느끼고 표현하는 사람이라면 데려다주는 것이 좋다. 이럴 경우 안 데려다 주고 바로 귀가한다면, '데려다 줄 걸 그랬네, 그랬으면 그 사람도 좋아하고 고마워했을 텐데. 괜히 안 들어주었구나. 그 사람이 몹시 서운해 했겠네.'하는 후회도 하지 않을 것이다.

　그러나 만일 B가 평소에 사소한 요구를 많이 하는 데다 들어준다고 별로 고마워하지도 않는 사람이라면(그런 요구를 당연시하는 사람이라면), 안 들어주는 것이 더 좋다. 그래서 그 사람도 내 마음을 알게 할 필요가 있다. 그리고 그래야 내가 편하다.

분노를 끝까지 참고만 있다가는...

*

A는 맏며느리다. 집안의 대소사를 혼자 다 챙기는 스타일이다. 반면에 아랫동서들은 무관심하다. 명절이 다가와도 전화 한 통은 고사하고, 음식을 나누어서 해오자고 제안해도 이 핑계 저 핑계로 어렵다면서 요리조리 빠져나간다.

묵묵히 하다보면 언젠가 알아주리라, 생각했건만 십 수 년이 지나도 마찬가지다. 아니 오히려 그 시스템에 푹 젖어버린 듯하다. 그래서 A에게는 다음과 같은 딜레마가 생겼다.

(ㄱ) 아예 말을 하지 않는다. 말을 하면 그나마 (표면적일 뿐이지만) 좋은 관계를 해칠 것이고, 그동안 해왔던 것도 무너지게 되어 억울하기 때문이다.

(ㄴ) 말을 한다. 왜냐하면 이제는 내가 너무나 힘들고 때로 화도 나기 때문이다. 사실 그만큼 해주었으면 이제는 동서들이 알아서 해주는 게 당연한데, 통 그렇지 않다.

Give and take의 불균형으로 인해 혼자만 잘해주고 손해 보는 느낌을 갖게 되는 이런 상황, 살다보면 정말 흔히 겪는다.

(ㄱ)는 항상 참은 아니다. 말을 한다고 해서 반드시 좋은 관계를 손

상시키는 것은 아니고, 앞서 말한 대로 상대방이 기분 나쁘지 않게 말할 수만 있다면 충분히 가능한 선택이니까. (ㄴ)도 곤란하다. 굳이 말을 하면 결국 동서들에 대한 비판이 될 수밖에 없어서 오히려 관계를 단번에 악화시킬 수 있기 때문이다.

요컨대 두 방법 모두 나름의 문제가 있으므로, 둘 중 어느 쪽이라도 선택하고 나머지 한쪽을 보완하는 것이 어떨까. 다만 (ㄱ)을 선택하면 계속 스트레스를 안고 살아가는 것이니, 이제는 이 문제를 해결하고 넘어가는 것이 좋겠다. 그러니 (ㄴ)을 선택하기로 하자. 풍파를 피하고도 견딜 만하다면야 내버려두겠지만, 이제는 그럴 상황이 아니기 때문이다.

그렇다면 굳이 말을 하되 상대의 기분을 거스르지 않고 설득해야 할 텐데, 어떻게 이것이 가능할까? 십 수 년이라는 세월 동안 반복된 일이라서 이제 와서 그 문제점을 들추어내면 상대가 받아들이기 쉽지 않을 것이다. 처음에 좋게 이야기를 꺼내도 결국은 서로 서운함을 토로하고 어쩔 수 없이 화를 낼 것이다.

우리는 항상 상대방에 대해 배려만 해야 할까? 결코 화를 내어서는 안 될까? 아니다! 때로는 분노의 표출도 필요하다. 더구나 인간인 이상 분노를 참지 못하는 경우도 있다. 그럴 때는 분노를 표출할 수밖에 없다. 때로는 표출해야 한다. 그래야 내 마음을 상대방이 정확하게 알 수 있기 때문이다. 또 그래야 상대로 하여금 조심스런 태도를 취하게 만들 수 있다. 꼭 분노를 드러내서라도 자신의 마음을 전할 의도라면 이런 결론을 예상할 수 있다.

"분노를 표출하라."

다만 이때 내가 하려는 말이 무엇인지 명확히 파악하고 있어야 한다. 즉 내 분노를 제어할 수 있는 범위 안에서 표출해야 한다. 소위 '꼭지가 돌아서' 내가 무슨 말을 하는지도 모를 정도로 통제 불가능한 표출은 안 된다. 주워 담을 수 없는 말로 상대에게 큰 상처를 입히고 돌이킬 수 없는 상황으로 몰고 가기 때문이다. 요컨대 화를 내더라도 내가 화를 낸다는 사실을 인지하고 화를 통제의 범위 내에 두면서 분노를 표출해야 한다. 이처럼 생각하고 있다는 사실 자체에 대한 인식을 '메타인지metacognition'라 하는데, 분노는 이 메타인지 내에 있는 한 문제 해결의 열쇠가 되기도 한다.

당신은 마추픽추에 갈 수 없다?

*

●● 잉카 제국의 신비로운 유적지,
페루 마추픽추(Machu Picchu)

여행에 정통한 어느 외국인 교수에게 내가 마추픽추를 보러 페루에 가고 싶다고 한 적이 있다. 그랬더니 그는 아주 유머러스한 답변을 해왔다.

당신은 절대 마추픽추에 갈 수 없어요.
날씨가 나쁘면 길이 험준하기 때문에 위험해서 못 가요.
그리고 날씨가 좋으면 사람이 너무 많아서 못 가요.

이 농담은 딜레마 형식을 띠고 있다. 자, 이 딜레마에서 어떻게 벗어날 수 있을까? 두 명제 가운데 앞의 것은 분명한 사실이므로 의심하기 어렵다. 그러나 뒤의 것은 언제나 진실인 것은 아니다. 날씨가 좋아서 사람이 많으면 불편하지만 그래도 감수하고 갈 수는 있잖은가. 그러니 날씨가 좋을 때 가면 될 일이다. 게다가 날씨가 좋아도 비수기나 평일에는 사람이 많지 않으므로 갈 수 있다. 사실 이 딜레마는 가짜 딜레마다. 단지 딜레마로 오인하는 경우다.

옵션을 검토해 하나를 선택하고 나머지를 보완하는 가중선택법은 결국 자료 분석력과 상황 판단력에 달려 있다고 하겠다.

앞서 예시했던 신파극에서 나라면 심순애에게 이렇게 충고하고 싶다. "당신이 진정으로 원하는 게 무엇인지 잘 생각해보시오. 어느 것이 더 진실인지를." 심순애는 고민 끝에 김중배의 다이아 반지에 끌려 돈을 선택했다. 그러나 나중에 후회하였다. 이는 그녀가 두 선택지를 제대로 검토하지 못해 자신이 진정으로 원한 것이 사랑이었음을 몰랐던 탓이 아닐까!

제 3 장

생각의 차원을 바꿔라
: 시간매개전략 / 재정의 전략

아예 판을 바꾸는 거다!

*

딜레마를 벗어나기 위한 또 하나의 사고법으로 차원 전환법을 들 수 있다. 앞서 제1부 2장 5절에 예시한 경찰 공무원 면접시험에서의 답변 딜레마를 살펴보자.

> Q : 현 시점에서 경찰이 추구해야 할 최고의 가치는 무엇이라 생각
> 합니까?
> A : 청렴입니다.
> Q : 그럼 경찰이 부패해 있다는 말인가요?
> A : ???

여기서 "경찰이 부패해 있다는 말인가요?"라는 물음에 '네'라고 말할 수는 없다. 일단 그것은 경찰에 대한 모독이고 그 같은 부패한 조직에 왜 들어오려 하는가, 하는 반문에 답변할 길이 없다. 그렇다고 '아니요'라고 말할 수도 없다. 그러면 왜 청렴을 경찰이 추구해야 할 최고의 가치로 들었는지, 답할 수 없기 때문이다.

이 같은 딜레마는 앞 절에서 말한 가중 선택법으로 해결할 수 없다. 어떤 옵션도 채택할 수가 없기 때문이다. 따라서 이럴 때는 생각의 차원을 완전히 달리해야 한다. 두 옵션을 모두 아우를 수 있는 다른 차원으로 사고를 전환하는 것이다. 그런데 내 경험으로 그것은 시간이란 차원이 도입되는 경우에 유효하다. 즉 시간 차원을 도입하여 과거와 미래를 대조시키는 사고법이다. 사실 인간 만사가 시간에 따라 변하지 않는가. 불교식으로 말하면 제행무상諸行無常이다. 예컨대 경찰은 청렴한 조직이지만 과거에 일부 부패가 있었고 이를 일소하기 위해 애쓰고 있으며 앞으로도 부패하지 않도록 노력을 기울여야 할 것이다.

따라서 다음과 같은 답변이 가능하다.

Q : 그럼 경찰이 부패해 있다는 말인가요?
A : 아니요. 하지만 청렴을 유지하는 것이 무엇보다 중요하다고 생각합니다.

이처럼 딜레마 상황에서 새로운 차원을 도입하여 해결하는 사고법을 우리는 '차원 전환법'이라 부르고자 한다.

시간의 차원을 도입하라

*

인터넷에 떠도는 퀴즈를 하나 풀어보자.

> 나는 존재하지 않았지만 언제나 있다. 아무도 나를 보지 못했고 앞으로도 그럴 것이다. 그럼에도 나는 이 지구 위 살아 숨 쉬는 모든 이의 믿음이다. 나는 누구일까?
> (I never was, am always to be. No one ever saw me, nor ever will. And yet I am the confidence of all who live and breathe on this terrestrial ball. Who am I?)

정답이 무엇일까? 위 문장들을 보면 현재, 과거, 미래형이 서로 대비되어 있다. 이로부터 우리는 시간에 의한 변화를 눈치 챌 수 있다. 정답은 '내일'이다. 많은 경우, 우리는 어떤 대상이 정해지고 문제가 주어지면 그 대상 안에 답이 있을 것이라는 고정관념에 갇힌다. 그래서 시간이라는 새로운 차원을 생각하지 못하게 된다. 사고를 할 때, 삶의 모든 것이 시간에 따라 변화한다는 인식을 가지는 것이 매우 필요하다. 이 같은 사고법을 시간매개전략이라 하자.

시간매개전략으로 풀 수 있는 딜레마 상황을 몇 개 더 보자.

모 외국 기업이 한국의 어느 도시에 있던 공장을 폐쇄하겠다고 발표했다. 당연히 기업과 노조, 지역주민, 정부, 학계 등에서 엄청난 논쟁이 일어났다. 한 강연회에서 K교수는 이 문제의 해결책이 무엇이냐는 질문을 받았다. 노사문제 해결, 제품의 교체, 비즈니스 모델의 교체 중 어느 것이 정답인가 하는 것이었다. 이해 당사자들 간의 대립이 첨예하여 자칫 잘못 대답하면 큰 일이 생길 민감한 문제였다. K교수는 시간매개전략으로 이를 풀어냈다. 그의 대답은 이랬다. "1년 관점에서 보면 노사문제 개선으로, 5년 관점에서 보면 제품의 교체로, 10년 관점에서 보면 비즈니스 모델의 교체로 해결해야 할 것이다." 시간 차원을 도입한 훌륭한 답변이었다.

옆에 계신 분과 친하세요?

*

한 TV 토크쇼에서 진행자가 방청석에 나란히 앉아 있는 두 사람에게 물었다. "옆 분과 친하세요?" 참 뜬금없는 질문이었다. 서로 아는 사람이 아니어서 답변하기가 곤란했기 때문이다. 질문을 받았으니 답변은 해야 하겠는데, 어찌 대답해야 할지 난감했다. 친하지 않다고 대답하면 재미도 없지만 옆에 있던 사람도 공연히 멋쩍고 민망하게 될 테고, 친하다고 대답하면 거짓말이 되기 때문이었다. 다른 방청객들과 시청자는 그가 어떻게 말할지, 숨을 죽이고 기다렸다. 이때 그는 멋들어진 답변을 내놓았다.

"많이 친하다고 할 수는 없으나 좋은 분으로 보여 친하게 지내려고 생각하고 있었습니다."

시간을 매개로 하여 친하지 않은 현재로부터 친하게 지내고 싶다는 긍정적인 태도의 미래로의 전환을 담은 것이다. 그야말로 우문현답愚問賢答이었다.

아내 편 vs 장모 편

*

어느 청년이 예비 장인으로부터 이런 질문을 받았다. "만일 자네가 내 딸과 결혼한 뒤에 자네의 아내와 장모 사이에 이견이 있다면 누구 편을 들겠는가?" 아차, 그는 딜레마에 빠졌다. 이럴 경우 정답은 없고 다만 중요한 것은 예비 장인이 원하는 답을 해야 할 뿐이다. 청년은 예비 장인어른이 어느 것을 원하실까 고민한다. 어떤 프레임을 취할 것인가? 아내의 사랑을 취해야 할 것인가, 효도를 취해야 할 것인가? 만일 가중선택법으로 이 딜레마를 벗어나려 하면 다음과 같은 모양이 될 것이다.

우선 "아내 편을 들겠습니다. 평생의 반려자니까요." 말하자면 '아내 사랑' 프레임이다. 그러면 예비 장인은 생각할 것이다. '이 녀석, 딸아이를 사랑하는군.'

혹은 "장모님 편을 들겠습니다. 어른이시니까요." 이건 '효도' 프레

임이다. 그럼 예비 장인은 생각할 것이다. '이 녀석, 어른을 공경하는 마음은 있군.'

하지만 이 가중선택법엔 다소 위험이 따른다. 어느 선택이 옳을지 알 수 없기 때문이다. 어쩌면 예비 장인이 원하는 답이나 입장은 없을 수도 있다. 그렇다면 단지 답변 태도가 문제일 수 있다.

그러나 만일 시간매개전략을 취하면 이런 답변이 나올 것이다. "앞에서는 장모님 편을 들고 나중에 아내와 단 둘이 있을 때 아내의 이해를 구하겠습니다."

엄마가 더 좋아, 아빠가 더 좋아?

*

라이벌 관계에 있어서 서로 경쟁하는 두 사람이나 조직을 평가해야 하는 상황이 생길 수 있다. 그런데 이때 한쪽을 다른 한쪽보다 우월하다고 답하면, 한쪽 마음이야 얻을 수 있지만 다른 한쪽의 마음은 잃게 된다. 가령 우리는 어릴 때부터 부모님으로부터 이런 질문을 얼마나 많이 받았던가! "엄마가 더 좋아, 아빠가 더 좋아?" 그런데 이런 질문들이 유치한 만큼, 거기에 답변하기도 무척 어렵다. 그래서 기껏 우리는 판에 박힌 대답만 우물거리지 않았던가? "몰라" 아니면 "둘 다 좋아요!" 그러다 조금 나이가 들면 "음, 저한테 하는 거 보고 말할게"와 같이 시간매개전략을 취할 수 있게 된다.

다면적 접근

*

서로 경쟁관계에 있는 관광지 A와 B를 두고 어느 곳이 더 좋은가 하는 질문을 받은 관광 전문가가 있었다. 두 관광지를 대표하는 사람들이 앞에 있어서 말 한번 잘못하면 큰일 나는 상황. 긴장감 가득한 분위기에서 그 전문가는 어떻게 말해야 할까? 둘 다 훌륭해서 차이가 없다는 식의 답변은 누구도 만족시켜 주지 못하는 창의력 제로의 답변이므로 피해야 한다. 이럴 경우에는 다면적 접근을 하는 것이 좋다. 모든 대상은 우리가 흔히 단일체로 바라보지만 사실은 관점에 따라 다르게 볼 수 있는 복합체다. 따라서 여러 측면으로 나누어 접근하는 것이 필요하다. 그래서 이렇게 말하는 것이 그럴듯한 방법이다. "봄에는 아름다운 꽃들이 만발하는 A가 좋고요, 가을에는 단풍이 기가 막힌 B가 좋습니다."

기업에 대한 평가도 마찬가지다. 어느 기업이 더 나은지를 물어오면 '기술은 A기업이 낫고, 디자인은 B기업이 낫다'는 식으로 답변할 수 있다.

제풀에 넘어지게 만들라

*

상상해보자, 당신은 경찰관이다. 불법을 저지른 친구가 당신에게 도와달라고 한다. 도와주면 비리 경찰관이 되고, 안 도와주면 친구를 잃는다. 당신은 어떻게 하겠는가?

어떤 직업에 종사하건 우리는 이 같은 딜레마에 자주 처한다. 보통은 이렇게 내뱉기 쉽다. "안 된다니까! 나 잘리는 거 보고 싶어?" 하지만 이렇게 분노를 표출하면, 상대가 그렇잖아도 청탁하는 입장이라 자존심이 상하고 몹시 기분 나쁠 것이다. 결국 친구를 잃게 된다. 또 다른 방법은 내가 직책상 그렇게 할 수 없음을 설득하는 것이다. 그러나 이럴 경우 대개는 상대가 설득이 될 리가 만무하여 결국은 실패하게 된다.

이처럼 분노 표출과 단순 설득은 성공하기가 어렵다. 그렇다면 어떻게 할까? 쉬운 문제가 아니다. 이럴 때는 역발상이 필요하다. 사실 이 딜레마의 근본 원인은 '어려울 때 도와주는 친구가 진짜 친구'라는 거부할 수 없는 보편적 신념 때문이다.

그러나 자신이 어려움에서 벗어나기 위해 친구에게 도움을 요청하는 행동은 (청탁 받는 사람 입장에서 보면) 오히려 그 친구를 어려움으로 몰아넣는 것이다. 문제는 여기에 있다. 진정한 친구라는 가치관은 반대 방향으로도 적용된다! 따라서 진정한 친구라면 어려운 친구를 도와주지는 못할망정, 어려움에 처하게 해서는 안 되는 것이 아닌가! 더구나 자기의 이익을 위해 친구를 이용하거나 친구에게 해를 끼치는 것은 결코 친구가 아니다. 진정한 친구란 오히려 서로를 이해해주는 관계라 할 수 있다. 따라서 친구가 제시한 진정한 친구 프레임을 역으로 제시하는 편이 효과적이다.

"친구야, 네 처지가 딱하니 어찌해야 좋을지 모르겠다. 그런데 나도 참 힘들어. 도와줄 수 없어서 정말 미안하다! 너는 내 진정한 친구니까 내 입장도 이해해줄 수 있겠지? 부탁한다."

이렇게 하면 상대도 나의 입장을 이해할 수 있을 것이다. 혹은 적어도 친구를 잃어버리는 상황에 처하지는 않을 것이다.

어쩌면 상대가 이렇게 말할 수 있을지 모른다.

"어떻게 친구가 이럴 수 있냐?"

"이러고도 네가 내 친구라 할 수 있냐?"

하지만 그럴 땐 나도 반박할 수 있다. 본질회귀법을 써서.

"친구가 뭐니? 아무리 자기 사정이 급하다고 친구를 도리어 어렵게 만들면 그게 친구냐? 이게 안 된다는 거, 너도 알고 있잖아!"

이처럼 정말 막막할 때는 상대의 프레임을 그대로 상대에게 제시하는 전략이 유효할 때가 많다. 상대에게 되돌려준다는 의미에서 이를 '되치기 전략'이라 부를 수 있겠다. 상대의 공격을 역이용하는 이 같은 전략은 씨름으로 따지면 되치기 기술에 해당한다. 그러니까, 상대가 파고들 때 옆으로 슬쩍 빠져주면서 그 힘을 그대로 이용해 상대가 제풀에 넘어지게 하는 기술이다.

이는 올리비에 르불이 정치에서 흔히 쓰는 반박 전략으로 제시한 '재정의再定義 전략', 즉 상대의 용어를 자기에게 유리한 방식으로 다시 정의하여 반박하는 전략과 구조적으로 동일하다. 가령 한쪽이 상대의 정책을 포퓰리즘이라고 비난할 때, 다른 한쪽 역시 상대에게 그거야말로 포퓰리즘이라고 비난하는 방식이다. 2015년 9월말, 이재명 성남 시장이 주민등록을 하고 관내 3년 이상 거주한 19~24세 청년들에게 매 분기 25만 원 이내의 배당을 지원하는 청년배당 제도를 도입하겠다고 나서자, 상대 당에서 이렇게 지적했다. "분기별 25만 원 지급은 너무 푼돈이다. 선거를 의식한 포퓰리즘 정책 아니냐?" 이에 대해 이 시장은 반박했다. "사업 밑천을 주거나 생활비 정도를 준다면, 그거야말로 진짜 포퓰리즘이지."

군 정보기관인 기무사가 정치인을 사찰한 정황들이 나오자 야당 국회의원인 A가 정부와 군을 향해 나라를 팔아먹는 행위라며 맹비난했다. 이때 여당 국회의원 B는 이렇게 맞섰다. "애국심이 있는 사람이라면 남과 북이 대치하고 있는 상황에서 그렇게 함부로 우리의 군을 위태롭게 하는 발언을 하지 않는다." 그러자 A가 맞받았다. "나도 누구 못지않은 애국자다. 정권 연장을 위해 법을 어겨가며 군을 이용해 국회와 국민을 감시하고 사찰하는 행위야말로 남북 대치 상황에서 우리 군을 위태롭게 하는 행위다."

재정의 전략은 이처럼 상대방 논리의 힘을 그대로 이용한다. 사실 우리도 일상적인 논쟁에서 "내 말이 그 말이야" 같은 식으로 종종 반박 논리를 펴곤 한다.

재정의 전략은 새로운 논리를 개발하기 위한 비용이 들지 않는다는 장점을 갖고 있다. 단지 개념의 핵심 하나를 역이용할 뿐이다. 뒤집어

보면, 사실은 다른 개념을 하나의 동일한 용어로 표현하게 되는 것인데, 결과적으로 같은 용어에 대해 자신에게 유리한 의미를 채색하는 효과를 낸다. 1960년대 프랑스의 샤를 드골Charles de Gaulle은 공산당을 전체주의totalitarianism라고 비난했다. 반면에 공산당 지도부는 드골파의 체제를 전체주의라고 비난했다. 같은 용어를 각자 유리하게 정의하여 상대에게 되돌려주는 재정의 전략을 사용한 예이다.

되치기 전략과 재정의 전략은 딜레마 상황에서 선언지의 차원을 벗어나서 해결책을 찾는다는 점에서 차원 전환법의 한 유형으로 볼 수가 있다.

상대가 무례한 질문을 하면 멋지게 반박할 수 있는데, 상대의 발언을 그대로 이용하는 되치기 전략을 쓰는 것이다. 예컨대 서양에 가면 동양인을 비하하며 이런 질문을 하는 무례한 사람들이 있다. "당신네 동양인들은 왜 그렇게 눈이 작아요?" 이 질문에 당황하거나 화를 내기보다 침착하게 상대의 말을 그대로 역이용하는 것이다. "그래요. 우리는 눈이 작아요. 하지만 세상을 보는 눈은 당신네들보다 크죠" 하고 말이다.

서울서 부산까지 가장 빨리 가는 방법?

*

인터넷에 이런 유머가 있다. 영국의 한 신문사에서 퀴즈를 냈다. "런던에서 맨체스터까지 가장 빨리 가는 방법은 무엇인가?" 두둑한 상금 욕심에 많은 사람들이 응모했다. 물리학자, 수학자, 설계사, 회사원,

학생들이 저마다 기발한 해답을 제시했다. 수많은 경쟁자를 제치고 1등을 차지한 답안은 바로 '좋은 친구와 함께 가는 것'이었다. 훌륭한 차원 전환법이 아니겠는가!

제 4 장

비판의 대상을 바꿔라
: 관점전환법

사람이 나쁘겠니? 결과가 나쁜 거지!

*

부하직원이 제출한 보고서가 몹시 마음에 안 든다고 치자. 이때 만일 "이봐 김 대리, 이걸 보고서라고 쓴 거야?" 혹은 "보고서 이렇게밖에 못 써?"라고 하면, 김 대리는 민망해지고 기분이 몹시 나빠진다. 반면에 "이 보고서는 문제가 있네" 혹은 "보고서가 왜 이렇지?"라고 한다면 김 대리는 기분이 훨씬 덜 나쁘게 된다. 이런 차이는 어디서 오는 걸까?

전자는 생략되어 있기는 하지만 주어가 김 대리인 반면에, 후자는 주어가 보고서이기 때문이다. 주어가 상대방일 때는 비판의 대상도 상대방이 된다. 그러나 보고서를 주어로 삼을 때는 비판의 대상이 상대방이 아니라 단지 보고서일 뿐이다. 물론 상대방 입장에서 보면 비판의 대상이 결과적으로는 자신일 수 있지만, 적어도 자신이 비판의 직접적 대상은 아니다. 비판받을 때 그 대상이 자신이라면 신경이 더 쓰이고 긴장을 하게 되지만, 단지 일이나 일의 결과라면 다소 심리적 여유를 가질 수 있다.

아니, 심지어 자신은 비판의 대상이 아닐 수도 있다. 예컨대 "보고서에 문제가 있네, 전혀 자네답지 않은 걸"이라고 한마디 덧붙이면 더욱 그렇다. 일이 잘못되었을 뿐 자신은 원래 능력이 있는 사람으로 평가받는다는 의미가 되니, 상대방은 기분이 나쁘지 않을 수 있다.

이처럼 상대를 비판해야 하지만 기분 나쁘지 않게 하면서 개선을 유도하려면, 반드시 비판의 대상을 상대방이 아니라 그가 한 일의 결과물로 설정하는 것이 필요하다.

사람을 비판할 것인가, 아니면 그의 행위나 그 결과물을 비판할 것인가? 대답은 명확하다. 설득이 목적이라면 사람을 비판해서는 안 된다. 하지만 우리는 너무나도 흔히, 그리고 너무나도 쉽게, 사람을 비판한다.

조직 내에서 성과가 자꾸 나빠지고 있어서 그 원인을 찾고 있다. 이럴 때 두 유형의 직장 상사가 있다. 첫째 유형은 조직 내에서 일을 잘못하고 있는 사람이 누구인지를 Who is wrong? 찾는다. 그리하여 그 부하 직원을 비난하거나 스트레스를 주고 벌을 내린다. 반면에 둘째 유형의 상사는 잘못되고 있는 일이 무엇인지What is wrong?를 찾는다. 그리하여 일을 개선하려고 노력한다. 우리는 사람을 다그치는 전자의 유형을 '보스boss'라 하고, 업무를 지향하는 둘째 유형의 상사를 '리더leader'라 칭한다.

실생활에서 우리는 리더보다 보스를 더 많이 본다. 그만큼 사람을 비판하는 것은 쉽고 일을 비판하는 것은 어렵다는 방증이다. 그래서 비판을 할 때는 대상을 사람에서 일이나 결과물로 전환하는 훈련이 필요하다.

우리가 인간관계에서 실수를 하거나 실패를 맛보는 대부분의 이유는 자기도 모르게 상대방을 비판의 대상으로 삼기 때문이다. 비판을 할 때는 반드시 그 대상을 사람이 아닌 행위나 결과물로 전환하도록 각별히 신경을 쓰는 것이 필요하다. 우리는 이를 '관점전환법'이라 칭하고자 한다.

그래, 정말 중요한 건 주어야

*

관점전환법에 입각하여, 이제부터 비판을 해야 할 때는 상대가 아니라 행위나 결과물을 주어로 설정하는 전략을 실천해보기로 하자. 다음에 몇 가지 예를 제시한다.

약속을 지키셔야죠.
→ 약속은 지켜져야 한다고 생각합니다.

그렇게 하시면 안 되죠.
→ 일이 그렇게 진행되면 안 되죠.

바꾸셔야 합니다.
→ 변화가 있으면 좋겠습니다.

사장님, 이젠 바꾸셔야 합니다.
→ 사장님, 이젠 변화가 있으면 좋겠습니다.

여보세요, 질서를 지키세요.
→ 아무리 급한 일이라 해도 질서는 지켜져야 합니다.

그러지 마세요. 예의를 지키세요.
→ 아무리 화가 나는 일이더라도 예의는 지켜져야 합니다.

바람직하진 않지만, 관점전환법은 자신의 잘못에 대한 책임 회피의 수단으로 쓰일 수 있다. 로널드 레이건Ronald Reagan이 "제가 잘못을 했습니다I've made mistakes"라고 말하는 대신에 주어를 '잘못'으로 설정해 "잘못이 있었습니다Mistakes were made"라고 발뺌한 일화는 유명하다.[29]

이는 사실 정치인들이나 외교관들이 즐겨 사용하는 화법 중 하나다. '미안하다(남에게 마음이 편치 못하고 부끄럽다)'나 '사과하다(자기 잘못을 인정하고 용서를 빌다)' 혹은 '사죄하다(지은 죄나 잘못에 대해 용서를 빌다)'에는 자신의 잘못을 인정하는 의미가 담겨 있기 때문에 이런 단어들을 사용하려면 필히 주어를 자신으로 삼아야 한다. 이를 회피하기 위해 그들은

'유감스럽다(마음에 차지 않아 섭섭하거나 불만스러운 느낌이 남아 있는 듯하다)'는 어휘를 쓴다. 이때 본인이 아니라 본인이 저지른 잘못이 주어가 되므로 책임을 비껴갈 수 있기 때문이다.

당신을 도와주려는 거예요

*

몇몇 기관이 협업하여 공동 사업을 펼치려 한다. 그런데 참여 기관 중 A기관이 먼저 자기 분야의 사업계획서 초안을 작성해서 B기관에 가져왔다. B의 담당자가 보기에 그 계획서는 너무나도 부실하여 화가 날 지경이다. 하지만 이때 B의 담당자가 이렇게 말하면 안 될 것이다. "이걸 계획서라고 써 오신 겁니까? 우리 사업 망치려고 합니까?" 다시 써 오라고 호통치고 싶은데, 기분 나쁘지 않게 말하려면 어떻게 해야 할까?

기본적으로 주어 전략을 쓰되, 이외에도 내가 상대방에게 도움을 주려는 의도를 갖고 있음을 덧붙여 알려주면 더 좋다. 예컨대 이렇게 말하면 어떨까. "내가 당신을 도와주려고 한다. 그런데 이 계획서는 다른 사람들이 모두 반대할 것이다. 내가 그 사람들을 설득할 수 없다. 이렇게 수정해라. 그러면 내 생각엔 인정받을 것이다." 이처럼 상대를 도와주려는 의도가 내게 있음을 알리면, 상대는 긴장을 풀고 고마운 마음으로 접근할 것이다. 아울러 다른 사람들의 의견을 끌어들이면서 문제를 객관화시키고, 판단 주체는 내가 아니라 다른 사람들이라고 생각하게 만들면, 상대는 더욱 쉽게 수긍할 것이다.

제 욕 했다면서요?

*

평소의 고정관념에 젖어 있던 관점을 전환한다는 것이 어디 쉬운 일이겠는가? 하지만 몇몇 예에서 보았듯이 주어만 바꾸어도 새로운 관점이 열린다. 그리고 그것은 딜레마로부터의 탈출을 도와줄 수 있다.

어떤 대학에서 교무회의가 열렸을 때였다. 회의의 목적은 A교수를 중심으로 본부의 보직 교수들이 새롭게 추진하고 있던 대규모 사업을 논의하고 중요 사항들을 의결하기 위함이었다. 그런데 이 사업에는 약간의 문제가 있었다. 사업의 목표는 좋으나 재정계획도 불투명하고 무리하게 추진하는 과정에서 절차의 문제점도 많이 드러났기 때문이다. 그래서 사업 아이디어가 제시된 후 시간이 지나면서 B교수를 비롯한 일부 교수들 사이에서 이 사업에 대한 회의적인 입장이 개진되고 있던 터였다.

회의가 시작되고 B교수의 발언 차례가 되자 그는 곤혹스러워졌다. 왜냐하면 자신의 신념으로는 이 사업에 반대하고 싶지만, 사업을 제안하고 추진하고 있는 A교수와 매우 친한 사이였고 또 그와의 친분관계 유지는 앞으로의 업무 관계에 있어 매우 중요하기 때문이었다. 마침 A

교수는 출장으로 회의에 참석하지 못했는데, 그가 없는 상황에서 그가 추진하는 사업의 문제점을 지적하고 추진 절차의 무리함을 비판해야 했다. 어떻게 해야 할지 모를 딜레마 상황이었다. 학교의 미래를 위해 소신 발언을 해야 할지, 아니면 중요한 사람과의 친분관계를 유지해야 할지 곤혹스러웠다. 사실 살면서 부딪히는 많은 어려움 가운데 으뜸이 이런 상황이다.

그는 잠시 망설이다가 전자를 택했다. 학교의 미래가 더욱 중요하다고 판단했기 때문이다. B교수는 사업 추진에 대해 비판적 발언을 했고 그의 발언은 설득력이 있었다. 많은 논의 끝에 사업은 중단하는 쪽으로 결론이 났다.

이후 출장에서 돌아온 A교수는 회의에서 있었던 일을 전해 들었다. 말이란 돌고 돌면 부풀려지고 없던 이야기도 덧붙여지게 마련이다. 그리고 사람들은 흔히 일보다는 사람 사이의 관계에 관심이 더 많아 그런 관점에서 이야기가 돌고 돌았다. B교수가 A교수를 심하게 비판하더라, 잘나가던 A교수가 크게 타격을 입었다, 두 사람이 평소에 친한 것 같더니 아닌 모양이네, 등등.

화가 난 A교수가 B교수를 찾아가서 따진다. "지난 번 회의 때 제 욕 했다면서요? 아니 어떻게 그럴 수가 있어요?" 예상은 했지만 B교수는 당황스러웠다. 그러나 다행히 그는 관점을 사람이 아닌 업무로 전환해 다음과 같이 말했다.

"아니요. 저는 단지 절차의 문제점을 지적했습니다. 이야기가 와전된 것 같네요. 제가 그럴 리가 있나요? 그런 오해를 하시다니 제가 서운하군요."

A교수는 순간 당황했으나 이내 화를 풀었고, 조금 뒤에는 오해해서 미안하다는 말까지 했다.

나무가 사람을 죽인다(?)

*

주어 전략이 얼마나 효과적인지를 잘 드러내주는 사례를 하나 더 살펴보자. 예전에 프랑스의 한 도지사가 가로수 때문에 생긴 교통사고 통계자료에 근거하여 도시의 가로수를 모두 베어버리기로 결정한 일이 있다.[30] 그런데 그 같은 엄청난 결정을 내릴 때 그가 의거했던 보고서의 제목이 '나무가 사람을 죽인다'였다. 이 제목은 매우 교묘했다. '나무'를 '죽이다'의 주어로 설정하여 사람들로 하여금 마치 나무 자체가 사고의 원인인 것처럼 생각하게 만들었기 때문이다.

만일 제목이 '나무들에 의한 교통사고의 증가'나 '나무들이 수많은 치명적 사고의 원인'이라고만 되어 있어도, 사람들은 자동차 운전자들의 과속이나 부주의한 운전이 사고의 원인일 수 있다는 점을 인식했을 것이다. 하지만 이 같은 인식의 가능성은 그 교묘한 문장 형식에 의해 차단되었다. 자동차 산업의 자본가들이나 기술 관료들과 결탁한 권력에 의해 애꿎은 나무들만 잘려나갔던 것이다. 이 사례에서 보듯이, 인간의 사고는 문장의 표현 구조에 크게 영향을 받으며 특히 주어는 매우 중요한 문장성분임을 알 수 있다.

칭찬할 때는 사람을 주어로!

*

지금까지는 상대를 비판하는 상황에 대해서만 이야기했다. 이제 반대의 상황을 가정해보자. 만일 부하직원이 가져온 보고서가 매우 훌륭하여 마음에 들 때는 어떻게 말하는 것이 좋을까? 이럴 때도 관점을 사람에서 행위와 결과물로 전환하여야 할까? 아니다. 이때는 그 반대로 해야 한다.

칭찬이나 격려를 할 때는 사람을 주어로 하는 것이 좋다. "보고서가 훌륭하네!"라고 말하기보다 "이봐 김 대리, 자네 대단하네. 어쩜 이렇게 완벽한 보고서를 쓸 수가 있지?"라고 말하는 편이 상대의 기분을 훨씬 더 좋게 하고 자부심을 느끼게 할 것이다.

결론은 이렇다. 비판할 때는 일이나 결과물을 주어로, 칭찬할 때는 사람을 주어로!

제5장

긍정의 관점을 취하라

: 긍정 평가어 / 완곡어법

1. 부정 평가어 vs 긍정 평가어

'지방 5%' 아니고 '95% 무지방'

*

상대를 설득할 때 필요한 또 하나의 원칙은 긍정 관점으로 접근하라는 것이다. 긍정적 관점의 표현을 사용하는 것은 상대방으로 하여금 기분을 좋게 하거나 적어도 긴장된 감정을 완화하는 효과를 내기 때문에 좋다. 그것은 상대를 설득하기 위한 밑바탕이 된다. 긍정성이 중요한 것은, 기본적으로 인간의 뇌가 긍정적 감정을 갖기를 원하고 부정적 감정은 피하도록 설정되어 있기 때문이다.

의사가 수술을 앞둔 환자나 그 보호자에게 동일한 내용이라도 '죽을 확률이 5%'라고 말하는 것보다 '살 확률이 95%'라고 말할 때 수술을 선택하는 확률이 높다. 식품 광고에서도 '지방 5%'라고 표현하기보다 '95% 무지방'이라고 내세우는 편이 판매의 확률을 높인다. 또 어떤 사업에 투자를 유치하고 싶으면, 실패 확률보다는 성공 확률을 말하는 편이 훨씬 더 유리하다.

근본적으로 인간은 긍정적 어법을 더 잘 이해하는데, 이는 우리가 그런 어법에 익숙하기 때문이다. 그래서 어느 언어에서나 열등비교보다는 우등비교를 선호한다. 즉 '그것이 더 좋다'라고 말하지 '그것이 덜 좋다'라고 말하는 경우는 별로 없다. 또한 앞에서 살펴보았듯이 상위어 개념을 형성할 때도 긍정적 가치어를 이용한다. '높다─낮다'에서 부정적 가치어 '낮이'가 아닌 긍정적 가치어 '높이'를 상위어로 형성하는 것이다.

사실 긍정의 관점이 중요함은 상식이 돼버려 모르는 사람이 없다. 하지만 그 실천은 의외로 쉽지 않다.

우리는 다소 고압적인 태도로 비관적인 회의 분위기를 만드는 조직의 우두머리를 보곤 한다. 창의적인 아이디어가 필요하니 의견을 자유롭게 개진하라고 해놓고 막상 의견을 듣고 난 후에는 그다지 긍정적으로 평가하지 않는다.

자신의 주장과 비슷한 의견들에 대해서는 "뭐, 들어보니 결국 내 얘기하고 마찬가지인 것 같네요" 하며 큰 의미를 부여하지 않는다. 그리고 새로운 의견에 대해서는 "새로운 의견들도 나오긴 했지만 그것들은 모두 우리의 기본 정책 방향과 안 맞네요." 혹은 "시기적으로 이미 늦었으므로 이 시점에서는 수용하기가 어렵군요."라는 식으로 부정적 평가를 내려버리는 경우가 많다.

이러한 리더의 태도는 결국 조직의 구성원들로부터 새롭고 창의적인 생각을 자유롭게 발표하고 싶은 마음을 빼앗아버린다. 그래서 구성원들은 이렇게 반응하고 만다. "뭐, 말로만 그럴 뿐이지, 그냥 입 다물고 있는 게 최고야."

진정으로 조직의 발전을 위해 자유로운 의견 개진을 원한다면, 비록 그들의 의견이 마음에 들지 않더라도 리더는 훨씬 긍정적인 코멘트를 할 수 있어야 한다.

기존의 주장과 동일한 의견이 제시되면 "비슷한 의견이 많이 나왔는데 이것들은 우리가 설정한 방향이 옳다는 것을 재삼 확인시켜주므로 의미가 있습니다."라며 격려해주자. 채택하기 어려운 새로운 의견에 대해서는 이런 말로 긍정의 평가를 내려주자. "새로운 의견들도 나왔는데 우리의 정책 방향이 과연 옳은지 재검토해보는 계기를 마련해주어 의미가 있었습니다. 늦었다고 생각할 수도 있지만, 늦었다고 생각할 때가 가장 빠를 때니까 좋은 의견이라고 생각합니다."

융통성이 없는 거야, 원칙주의인 거야?

*

인간은 본성이 이기적이다. 그래서 '내로남불'이라 했던가, 똑같은 행위라도 내가 하면 로맨스고 남이 하면 불륜으로 규정하는 것이다. 그러다보니 우리는 논란이 있을 수 있는 (즉 관점에 따라 긍정적으로 볼 수도 있고 부정적으로 볼 수도 있는) 행위를 남이 했을 때 부정적인 평가를 내리기가 쉽다. 처세술에 능한 사람, 꾀가 많은 사람을 긍정적으로 보면 지략가라 칭할 수도 있지만, 내가 좋아하지 않는 사람이면 부정적으로 보아 모사꾼이라고 부르지 않는가.

따라서 설득을 위해서는 남을 부정적으로 평가하지 않도록 하는 훈련이 필요하다. 어떤 언어든 부정적 관점어가 긍정적 관점어보다 훨씬 더 많이 발달해 있어서 사람들은 부정적 관점어를 더 손쉽고 편하게 쓰기 때문이다.

인간의 언어에 부정적 평가 어휘의 수가 더 많은 것은 많은 통계로 입증된 사실! 그렇게 부정적 평가 어휘가 발달한 데에는 이유가 있다. 무엇보다도 위험을 피하는 것이 인간의 생존을 위해 필수적이기 때문에, 모호한 상황에서는 일단 부정적인 해석을 해서 경계하는 것이 필요했다. 그리하여 인간의 마음은 부정적 측면에 집중하도록 설계되었고 그렇게 진화했다. 그러다보니 부정적 어휘가 더욱 발달하게 되었고, 그래서 우리는 부정적 관점에 더 쉽게 빠진다. 긍정적 관점으로 전환하는 자세는 훈련을 통해야만 이루어질 수 있다. 몇 가지 예를 보자.

친구가 헛된 희망에 사로잡혀 가능성 없는 일에 매달리고 있으면, 우리는 흔히 이렇게 내뱉듯이 말한다.

"그게 뭐냐? 너무 추하게 거기 집착하고 있잖아!"

혹은 "너 왜 그렇게 그 일에 집착하는 거니?"

그러나 이렇게 말하면 그 친구는 결코 집착을 중단하지 않는다.

만일 당신이 정말로 그 친구가 단념하도록 설득하고 싶다면, 보다 긍정적인 관점의 프레임을 사용하는 것이 좋다.

"이봐, 네가 그 일을 소중하게 생각하는 것은 나도 알아. 하지만 이건 정도가 좀 과한 것 아닐까?"

혹은 "이봐, 최선을 다하는 것은 보기 좋지만, 이번 경우는 좀 지나친 것 아닐까?"

더 나아가 보다 긍정적인 관점을 찾아볼 수도 있다. '집착'이란 무엇일까? 어떤 것에 늘 마음이 쏠려 잊지 못하고 떨어지지 아니하려는 마음을 부정적으로 평가하는 어휘다. 그렇다면 이런 마음을 긍정적으로 평가하는 어휘는 무엇일까? 그것은 '애착'이다. 그러면 이렇게 표현할 수 있지 않을까?

"너한테 그 일에 대한 애착이 있다는 걸 알아. 하지만 만일 지나치다면 안 좋은 것 아니겠니? 좀 생각해볼래?"

이렇게 말하면 친구가 충고를 받아들일 가능성이 높다.

사실 내가 보기에는 집착이지만 친구 입장에서는 애착인 것이다. 이러한 사실을 무시하고 내 관점에서만 바라보면 상대를 이해할 수 없게 된다.

내가 누군가를 우유부단하다고 판단하더라도, 그를 좋게 보는 사람은 그가 신중하다고 평가할 수 있다. 만일 그 사람에 대해 좋게 말해야 하는 상황이라면, 이렇게 말해야 할 터이다. "그 사람 좀 우유부단해" 대신에 "그 사람 신중한 데가 있지." 물론 더 나아가 "그 사람, 사려 깊은 편이야"라고 할 수도 있을 것이다. 하지만 평소 그에 대해 가진 프레임이 이를 방해하기도 하거니와 어휘력을 닦아놓고 있지 않으면 막상 단어가 쉽게 입에서 나오지 않는다.

그렇다면 '융통성이 없다'든지 '꽉 막힌 사람'이라든지 '고지식하고 답답한 사람'이라는 부정적 표현 대신에 사용할 수 있는 긍정 평가어로는 무엇이 있을까? '신념이 있다. 소신이 강하다' 혹은 '원칙주의자'라든지 '원칙을 소중하게 여기는 사람'이라고 하면 될 것이다.

어떤 사람이 '탐욕스럽다, 욕심이 많다'라고 생각될 때가 있다. 이 또한 내가 그를 싫어해서 그렇게 보이는 것이지, 만일 내가 그를 좋아해서 긍정적으로 본다면, 반대로 '의욕적이다, 의욕이 넘친다'고 판단할 수 있다. '시류에 영합하는' 것으로 비치는 행위도 잘 생각해보면, '시대의 흐름에 맞추는' 행위일 수 있다. 반대로 우리는 상대방에게 '도움을 주거나' '조언을 하려는' 의도를 갖고 있으면서도, 행여 상대방에게 '간섭하거나 '참견하는' 것으로 오해받지 않을까 하여 주저하거나 행동에 옮기지 않는 경우도 많다. 이처럼 동일한 언행이라도 생각하기 나름으로 긍정적으로 보일 수도 있고 부정적으로 보일 수도 있는 것이다.

무시 vs 존중

*

부부간의 대화에서 종종 발생하는 상황이 있다.

"당신, 왜 사람 말을 무시하는 거야?"

여기서 '무시'는 물론 부정적인 관점을 반영한다. 이런 어휘는 상대의 감정을 즉각적으로 상하게 한다. 당연히 대화가 기분 좋게 이어질리가 없다. 이보다는 더 긍정적인 어휘, 즉 그 반대말인 '존중'을 이용하여 표현하는 것이 좋다.

"난 당신이 내 의견을 존중해주었으면 좋겠어."

이렇게 말하면 싸움으로 번질 수가 없다.

외교관, 긍정어법의 '끝판왕'

*

긍정어법을 가장 잘 구사하는 직업군은 외교관이다. 주지하는 바와 같이 외교관들은 결코 아니라고 하는 법이 없다. 그래서 다음과 같은 우스개가 전해온다.

외교관이 '예'라고 말한다면 그것은 '아마도'라는 의미이며,
'아마도'라고 말한다면 그것은 '아니다'라는 의미다.
만약 '아니다'라고 말한다면 그는 외교관이라 할 수 없다.
(When a diplomat says "Yes", he means "Perhaps";
when he says "Perhaps", he means "No";
and if he says "No", he is not a diplomat.)

상대주의 칭찬 전략

*

또 하나의 전략은 부득이 상대를 비판해야 할 때 오히려 칭찬을 하는 것이다. 이것이 어떻게 가능할까? 상대평가를 통해서 가능하다.

우선은 상대방에 대한 비판 대신 상대와 타인을 모두 칭찬하는 방법이 있다.

학기말 고사를 치면 성적을 올려달라고 요청하는 이메일을 보내는 학생들이 있다. 이럴 경우 채점을 잘못했음이 발견되지 않는 한 그 요청은 들어줄 수 없다. 그럼에도 답장을 매몰차게 쓸 수가 없어서 곤혹스러울 때가 있다. 그렇다고 "다시 살펴보니 학생이 시험을 잘 못 봤네요."라는 식으로 쓰면, 요청한 학생도 민망스러울 것이다. 따라서 다음과 같이 쓰는 것도 괜찮은 방법이다.

"학생도 시험을 잘 봤지만 다른 학생이 좀 더 잘 보았네요. 성적은 상대평가의 비율이 결정되어 있어서 석차에 따라 부여됩니다. 상대평

가 범위가 지정되어 아쉽지만 어쩔 수 없군요. 다음번에는 더 열심히 하기 바랍니다."

또 칭찬 전략이 가능한 또 하나의 방식은 상대방을 과거와 현재의 모습으로 나누어 평가하는 것이다. 상대가 가져온 결과물이 아주 실망스럽더라도 "야, 너 왜 이렇게 멍청하니?"라고 말하지 말고, 이렇게 말해보자. "이 친구야, 내가 알기로 너 이보다는 똑똑한데, 좀 잘하자." 그러면 자존심도 세워주면서 잘못을 지적할 수가 있다.

단점을 지적하는 대신 칭찬하면서 다른 것을 요구하는 전략도 매우 유효하다. "야, 너 왜 이 안 닦았어?"라고 하는 것보다 "예쁜 우리 딸, 얼굴 잘 닦아서 예쁜데, 이까지 잘 닦으면 더 예쁠 텐데…." 이는 단점을 지적하는 대신 다른 장점을 일깨워준 후에 단점 보완을 요청하는 전략이다.

부하직원에게도 "이봐, 김 대리, 지난번에 프레젠테이션 엄청 잘했잖아, 이번 건도 딱 그만큼만 하면 완벽할 텐데 말이야. 파이팅 하자? 응?"하고 어깨를 두드려주면 힘을 내 노력할 것이다.

2. 완곡어법

이상의 경우와 달리, 상대방의 행위나 품성 혹은 결과물이 너무 나빠 도저히 긍정적인 시각으로 전환하여 볼 수가 없을 때도 있다. 이럴 때는 부득이 비판을 할 수밖에 없는데, 그래도 그 강도를 조금이나마 완화하는 것이 설득에는 꼭 필요하다. 이를 흔히 완곡어법이라고 하는데, 몇 가지 예를 들어보기로 한다.

완화된 표현이 호감을 높인다

*

계획서가 마음에 안 들 때 "이 보고서 형편없네!"라고 하면 듣는 상대방은 기분이 몹시 나쁠 것이다. 이때 표현을 다소 완화시켜서 "이 보고서는 조금 엉성하네" 혹은 "이 보고서는 만족스럽지가 못하네"라고 말한다면 그렇게까지 기분이 나쁘진 않을 것이다. 이와 같은 예를 몇 가지 제시해보자.

'열받다', 화가 치밀어오를 때 우리가 흔히 쓰는 표현이다. 이 구어적 표현은 '서운하다', '섭섭하다', '야속하다' 같은 어휘로 누그러뜨릴 수 있다. 이 단어들은 상대에 대한 기대가 있었음을 전제로 한다는 점과 아직도 미련이 있다는 점, 그리고 전혀 공격성이 없다는 점에서 비록 부정적 감정을 전하긴 하지만 상대방에게 오히려 미안함 혹은 호감을 줄 수 있다.

너 때문에 정말 열받는다.
→ 너한테 좀 서운하다(섭섭하다).

또는 경우에 따라 '달갑지 않다'라는 표현으로 완화할 수 있을 것이다.

나는 그 생각만 하면 열받아.

→ 나는 그게 영 달갑지 않아.

사람에 대한 부정적 감정을 나타내는 '밉다'도 기본적인 애정을 전제하고 있는 '얄밉다'를 쓰면 훨씬 완화된다.

그 사람 정말 미워 죽겠어.
→ 그 사람 좀 얄미워.

'싫다'도 '즐겁지 않다'나 '반갑지 않다'로 완화할 수 있다. 상대가 부탁하거나 시키는 일을 하기 싫을 때 우리는 아래의 전자보다 후자로 표현하는 편이 좋을 것이다.

그 일은 정말 하기 싫어.
→ 그 일은 사실 내겐 별로 즐겁지(반갑지) 않은 일이야.

상대의 언행이나 태도에 불만이 있을 때도 "이봐, 자네 그게 뭔가?" 식의 직설적인 언사보다 "나는 자네의 그러한 태도가 달갑지 않네"라고 하는 쪽이 더 좋을 것이다.

주로 아랫사람이나 동년배의 잘못을 비판할 때 쓰는 '야단치다'와 '꾸짖다'는 속어에서 '욕하다'라는 더욱 강화된 표현으로 많이 쓰인다. "너 나 없는 데서 욕했지?"처럼 말이다. 이들 표현은 '나무라다'로 완화할 수 있다. 그리고 보다 포괄적인 뜻을 나타내는 '(듣기) 싫은 소리 하다'나 '한 소리 하다' 혹은 '뭐라고 하다' 등으로 더욱 완화할 수 있다.

나 욕하지 마.
→ 날 너무 나무라지 마.

내가 욕을 해줬지.
→ 내가 (듣기) 싫은 소리 했어.
　내가 한 소리 했어.
　내가 따끔하게 한마디 했어.

우리는 때로 분노에 휩싸여 매우 거친 표현을 사용한다. 이런 표현들은 자칫 상대와의 관계를 돌이킬 수 없도록 만들기도 한다. 가급적 감정을 자제하여, 보다 완화된 표현으로 나의 뜻만 전달하고 거기에 필요 이상의 감정은 싣지 않도록 해야 할 것이다.

너는 왜 나를 죽이지 못해 안달이냐?
→ 너는 왜 나를 힘들게 하니?

어디서 눈을 부라리고 있습니까?
→ 왜 그렇게 위협적으로 보시나요?

때로는 긍정적 표현이라도 과하면 곤란하다. 적절히 완화시킬 필요가 있다. 예컨대 대상이 아이라면 '애지중지하다'나 '귀여워하다'가 적합하지만 노인이라면 적합하지 않으므로 '아끼다'로 표현하는 것이 적절하다.

돌아가시기 전까지도 선생님께서는 저를 많이 애지중지해(귀여워해)주셨습니다.

→ 돌아가시기 전까지도 선생님께서는 저를 많이 아껴주셨습니다.

부정의 기반을 누그러뜨리자

*

완화전략의 또 다른 방책은 곧바로 부정의 표현을 쓰는 대신 긍정적 평가어를 부정해서 표현하는 것이다.

예를 들어, 부정의 표현인 '나쁘다' 대신에 긍정 평가어의 부정형인 '좋지 않다'로 바꾸는 방법이다. 부정 평가어인 '싫다' 대신에 긍정 평가어의 부정형인 '좋아하지 않다'로 전환하는 것도 마찬가지다. 이렇게 하면 같은 의미를 전달하되 느낌은 다소 약화시킬 수 있기 때문이다. 이때 이왕이면 부사 '그다지', '그렇게'를 넣거나 '~한 편은 아니다' 식으로 표현하면 완화효과를 한층 더 낼 수 있다.

그 사람 참 무례하더라.
→ 그 사람 그렇게 예의바르지는 않았어.

그 사람 왜 이렇게 불친절하니?
→ 그 사람 그다지 친절하지는 않았어.

그 아이 참 멍청하더군.
→ 그 아이가 그다지 똑똑한 편은 아니더라.

제 6 장

핵심가치를
다른 영역에 투사하라

: 핵심투사법

표어, 강령, 구호, 사훈, 교훈, 급훈, 가훈... 조직의 목표나 노선을 담은 이런 짧고 명쾌하고 감동적이고 기억하기 쉬운 문장 혹은 구절을 흔히 슬로건slogan이라고 부른다. 마지막으로 이 챕터에서는 이런 슬로건을 작성할 때 유용한 사고법을 제시하고자 한다.

여기에는 여러 가지 다양한 방식이 있다. 그러나 이 장에서는 그 가운데 가장 효과적으로 작용하는 사고법을 다룰 것이다. 이는 우리가 '핵심 투사법'이라고 부르는 것인데, 전체를 구성요소로 분석하여 그 가운데 좋은 핵심가치만을 취한 뒤 이를 타 영역에 투사하는 사고법이다. 요컨대 이 방법은 분석과 은유의 두 단계로 구성되는데, 각 단계를 예시를 통하여 살펴보자.

분석하기

*

첫 단계인 분석은 대상을 구성요소(부분)로 해체한 뒤, 그중 가장 가치 있는 것을 선택하는 작업이다. 그 핵심가치로 전체를 대표하게 하는 것이다. 이런 점에서 이를 환유metonymy[31]라고 할 수도 있다.

이런 방식으로 탄생한 용어는 참 많은데, 대표적인 것이 '화장실'(프랑스어 toilettes에서 온 영어 단어 toilet은 '화장'이라는 뜻)이다. 보통 화장실에 들어가면 우선 탈의를 하고 용변을 본다. 그리고 손을 씻은 다음, 옷매무새를 단정히 하고 화장을 고친다.

과거에는 이 여러 과정 중에서 '용변'을 핵심가치로 택했었다. 그래서 변소便所라는 용어가 탄생한 것이다. 그러나 이 어휘가 가지는 어감이 아무래도 부정적이어서, 언제부터인가 마지막 단계인 '화장'을 선택하여 이 공간에서 이루어지는 전체 활동의 대표로 삼고 있다.

투사하기

*

다음 단계는 투사投射. 즉 분석된 요소들 가운데 선택한 가치를 다른 분야에 적용하는 것이다. 이는 다른 말로 은유metaphor라 하는 것인데, 제1부 2장 '프레임을 만드는 6가지 요소'에서 언급했듯이, 인지언어학에서의 은유란 고전이론의 주장처럼 단지 표현을 더 아름답게 하는 장식 전략이 아니라, 추상적이고 비감각적인 경험의 영역들을 친숙하고 구체적인 방식으로 개념화해주는 인간 인지의 핵심적 활동이다. 그러니까, 추상적이고 새로운 경험인 목표영역target domain을 보다 구체적이고 익숙한 경험인 근원영역source domain에 대응시키는 활동인 것이다.

예컨대 이런 표현이 있다. "인생은 나그네길!" 인생은 영원한 것이 아니라 잠시 이승에 머무는 일이고 앞날을 예측할 수 없으니 우여곡절이 많아 소소한 일에 굳이 미련을 둘 필요가 없다는 추상적이고 복잡한 생각을, 우리에게 익숙한 구체적인 경험과 활동인 '여행'에 비유하여 그 의미를 더욱 쉽게 이해하게 해준다. 이처럼 근원 영역인 여행을 목표 영역인 인생에 투사하여 이해하는 사고방식을 은유라 하는데, 그 기반은 두 영역 사이의 개념적 유사성이다. 즉 삶이 가지는 유한성과 우여곡절이란 측면은 '자기 고장을 떠나 다른 곳에 잠시 머물고 어느 한 곳에 정착하지 아니하고 이리저리 떠도는 행위'라는 여행의 개념과 매우 흡사하다.

버핏세 vs 부유세

*

미국의 오바마 행정부는 부자 증세안을 '버핏세稅'로 부르며 공화당을 압박하는 고지를 선점하는 데 성공했다. 버핏 같이 존경받는 거부도 세금을 많이 내는 데 적극 앞장서고 있지 않은가! 버핏은 부자이고 따라서 세금을 많이 내며 그로 인해 사람들의 존경을 받는다는 사고를 근원영역으로 설정하고, 이를 '부자는 세금을 많이 내고 그로 인해 사람들에게 존경 받을 것'이라는 목표영역에 투사함으로써 중과세에 대한 부담감을 걷어낸 것이다.

반면에 우리나라에서는 은유를 이용하지 않고 '부유세' 혹은 '부자증세' 등과 같은 일차원적인 직설적 용어를 설정하여 조세 저항을 높이고 있는 상황이다.

2015년 3월 24일 정부는 '안심대출'이라는 대출상품을 선보였다. 이는 서민들을 위해 은행권 단기·변동금리를 2%대 중반의 장기·고정금리로 전환시켜주고, 일시상환 주택담보대출을 분할상환 대출로 바꿔주는 것이었다. 이 복잡한 대출 상품의 여러 구성요소 가운데 그 취지만 드러내 거기다 '서민대출' 혹은 '서민구제금융'이라는 이름을 붙였더라면, 영락없이 실패할 수도 있었다. 그러나 정부는 다행히 대출의 결과 측면, 즉 대출을 받으면 '안심'하고 생활을 하거나 가계를 운영할 수 있다는 측면을 택했고, 작명도 은유를 이용하여 목표 영역으로 안심하고 생활할 수 있다는 점을 설정하여 긍정적인 결과를 얻었다.

심리 부담을 줄여준 이름, '햇살론'

*

2010년 7월 정부는 개인신용 6~10등급인 저신용자와 연소득이

2,000만 원 이하의 저소득층에게 생계 운영자금을 저금리로 지원하는 상품을 출시했는데, 그 이름은 '햇살론'이었다. 이 대출의 구성 요소 가운데 대출의 결과로 갖게 될 긍정적인 효과를 선택하고, 삶에 햇살이 비치게 된다는 은유를 이용하여 '햇살론'이라는 명칭을 부여했다. 그런데 이 상품이 처음 나왔을 때의 이름은 '보증부 서민 대출 상품'이었고, 결과는 실패였다. 왜냐하면 서민들 입장에서 은행에 들어가 상담을 받거나 대출신청을 하는 것 자체가 본인의 저신용−저소득을 자인하는 꼴이어서, 자존심상 쉽게 접근하기 어려웠던 것이다. 그러나 명칭이 '햇살론'으로 바뀌면서 이러한 심리적 부담이 줄어 많은 사람들이 신청하게 되었다.

또 다른 유사한 사례가 '미소금융'이다. 2009년 말부터 여러 기업들과 정부에서 펀드를 조성하여, 소득이나 신용도가 낮아 제도권 금융을 이용하기 힘든 금융소외계층을 대상으로 창업자금이나 운영자금 등을 무담보 · 무보증으로 지원하는 소액대출 상품을 만들었으니, 그 브랜드 네임이 미소금융이었다. 이 역시 햇살론처럼 구성요소 분석을 통해 나타난 여러 요소들 가운데 대출의 결과를 선택하고 그에 은유를 결합한 네이밍이었다.

워드를 주눅 들게 한 흔글

*

이상에서 본 것처럼 브랜드 네임을 정할 때, 전체를 구성요소(부분)로 해체한 뒤 그중 가장 가치 있는 요소를 선택하고 이 핵심가치로써 전체를 대표한 다음, 이를 다른 영역에 투사하는 사고법을 '핵심 투사법'이라 칭하고자 한다.

이때 핵심요소라고 해서 마냥 상품이나 제도의 내용에만 관심을 기울여서는 안 된다. 그것이 지향하는 바나 목표하는 바, 혹은 앞으로 초래될 좋은 성과, 또는 그 결과 갖게 될 자부심 등에 초점을 맞추는 전략도 필요하다. 왜냐하면 사람들은 미래지향적인 것에 더 끌리기 때문이다. 희망과 자부심을 심어주는 것이 좋은 전략이다.

위에서 보았던 버핏세라는 아이디어도 기본적으로 부자들이 세금을 많이 내는 것에 자부심을 갖게 하는 전략이다. 워드프로세서 프로그램 중에는 마이크로소프트사의 MS Word가 전 세계를 휩쓸었는데, 한국에서만은 1위를 점하지 못하고 있다. 그것은 토종 소프트웨어인 '흔글HWP' 때문이다. 워드프로세서의 이름을 기능이 아니라 애국심을 자극할 수 있는 우리의 자랑스러운 '한글'로 명명함으로써 이를 사용하는 사람들에게 이 소프트웨어가 곧 한글이라는 인식을 심어준 것이다.

세금 폭탄? 세금 구제!

*

세금에 대해 말할 때 우리는 '매기다' 혹은 '부과하다'라는 동사를 쓴다. 이외에도 '세금을 얻어맞다', '세금을 때리다'와 같은 표현들도 사용한다. 이는 은연중에 '세금은 폭력'이라는 인식을 조장한다. 세금에 대한 부정적 측면, 세금의 폭력성을 강조한 용어라 할 수 있다.

이들 표현은 증세에 반대하고자 할 때 효과적인 프레임으로 작용한다. 심지어 '세금 폭탄'이라는 용어도 쓰이는데, 이는 세금을 폭탄으로 규정함으로써 전쟁 은유를 도입한다. 적법한 '증세' 대신 사용되는 이용어는 국민이 세금을 죽음으로 모는 살상 무기로 보게 함으로써 그 순기능을 무력화한다. 나아가 미국의 보수파는 진보정부가 부과하는(때리는) 세금으로부터 당신을 구제해주겠다는 논리로 '세금 구제^{tax relief}'라는 용어도 개발했다. '감세'라는 중립적 어휘 대신 사용되는 이 단어에는 고도의 은유 전략이 담겨 있다.[32]

반대로 세금을 걷어야 하는 정부의 입장에서는 '증세'라는 어휘 대신에 '세수 확대'라는 용어를 사용하는 게 적절할 것이다. 국민의 입장으로선 '세금'을 대상으로 하는 '증세'가 실시되면 부담스럽지만 '세수 확대'는 '세수', 즉 '세금 수입'을 대상으로 하기 때문에 세금 수입이 필요한 정부의 입장에 국민들을 서게 하는 효과가 있다.

몇 가지 실패 사례들

*

핵심 투사법을 적용할 때 주의할 점은 부정적 프레임을 활성화시킬 수 있는 어휘를 사용해서는 안 된다는 것이다.

단어의 의미는 외시적外示的 의미denotation와 공시적共示的 의미connotation로 나눌 수 있다. 전자는 사전을 찾아보았을 때 나오는 정의(뜻풀이)처럼 그 대상을 가리키는 데 참여하는 의미, 즉 지시指示의 의미다. 반면, 후자는 그런 외시적 의미에 긍정적 혹은 부정적으로 동반되는 의미, 즉 연상聯想되는 의미를 말한다. 일상어로 '어감'이라고 하는 것이라고 이해하면 되겠다.

예를 들어 '여자'와 '계집', '집'과 '집구석'은 그 단어가 지시하는 외연이 같지만, 따라서 외시적 의미는 동일하지만, 공시적인 의미는 서로 다르다. 전자에 비해 후자는 비하하는 느낌을 주며, 성차별적인 배경을 갖고 있다. 또 "내가 너에게 여러 번 말했다"라는 말 속의 '여러 번'보다 "내가 너에게 골백번 말했다"라는 표현의 '골백번'은 상대에 대한 경멸을 내포하고 있다. 요컨대 공시적 의미에는 긍정·부정적 평가와 감정이 함께 녹아 있다.

보수 진영에서는 진보 진영을 가리킬 때 '진보'라는 말 대신에 '좌파'라는 용어를 더 많이 사용한다. 이는 '진보적progressive'이라는 어휘가 개선 또는 전진이라는 긍정적인 의미를 내포하고 있는 반면, '좌파'라는 용어는 공산주의 혹은 빨갱이라는 뜻을 함축할 가능성이 많기 때문이다. 특히 이 단어는 6·25동란을 몸소 겪은 세대에겐 무자비한 전쟁의 기억까지 더해져서 매우 부정적이고 경멸적인 의미를 갖게 된다.

한때 '무상無償 급식'이 정치권의 큰 화두로 등장하면서 뜨거운 논쟁을 야기했었다. 왜일까? 그 취지와 관계없이 '무상'이라는 단어에는 부정적인 평가와 감정이 담겨 있기 때문이다. 즉 공짜로 얻는 것은 열심히 땀 흘려 얻는 것이 아니라서 정당하지 못하다는 관념을 부추기는 것이다. 또 그걸 원하지 않는 사람들은 자존심이 상할 수도 있다. 이로 인해 "내 아이는 내 능력으로 밥을 먹일 수 있다. 우리는 거지가 아니다." 같은 생각을 갖게 되어 모욕으로 받아들이는 이들도 있었다. 이로 인해 '무상 급식'은 다소간 부정적 프레임을 활성화시키고 말았다.

따라서 분석해서 나오는 구성 요소들 가운데 부정적으로 비칠 가능성이 있는 것들은 버리고, 반드시 긍정적인 요소들을 취해야 할 것이다. '무상 급식'의 대안으로, 급식의 결과 아이들이 성장을 할 것이라는 점에 착안해 '성장 급식'이라고 할 수도 있을 것이다. 어느 인터뷰에서인가 레이코프가 이를 제안한 적이 있던 것으로 기억된다. 또한 '영양 급식'이라든지 '의무 급식'과 같은 이름도 '무상 급식'보단 나았을 것이다.

몇 년 전 등장했던 '영리 병원'이라는 명칭도 실패 사례다. '영리'에도 부정적 평가와 감정이 녹아 있기 때문이다. 특히 의료의 공공성을 훼손할 것이란 나쁜 이미지를 줬고, 이는 반대파에 공격의 빌미를 제공했다. 정부가 뒤늦게 정확한 의미를 담아 '투자개방형 병원'으로 고쳐 불렀지만 '영리 병원' 인식을 바꾸기는 쉽지 않았다.

기억해야 할
설득의 *5*원칙

우리는 지금까지 인간의 생각의 구조와 언어 사용의 원리에 대해 알아보았다. 이제 이 책의 콘텐트를 간결하게 정리하기 위해 누군가를 설득할 때 지켜야 할 원칙을 이야기해보자. 나는 여기서 다섯 개의 원칙만을 강조하고자 하는데, 이는 특히 상대가 원하거나 주장하는 바에 반대되는 내용을 설득해야 할 때 유용할 것이다. 왜냐하면 설득 가운데 가장 어려운 상황이 바로 이런 상황이기 때문이다.

첫째, 상대의 의견을 존중하라.

일단 상대의 생각 중에서 긍정할 부분을 찾아내 동의와 동감을 확실히 표명한다. 상대에게 반대되는 주장을 펼치거나 부탁을 거절할 경우 이 과정은 꼭 필요하다. 상대는 나와 반대되는 생각을 하고 있으므로, 내가 하려는 주장에 이미 경계심을 갖고 심리적으로 긴장해 있다. 이런 상황에서 필요한 첫 번째 조처는 그 경계와 긴장감을 걷어내는 일이다. 상대 의견에 동의 또는 동감한다는 것은 상대를 인정하고 존중한다는 의미다.

"이러이러한 점은 지당하신 말씀입니다."

"저도 전적으로 동의합니다."

이렇게 말함으로써 상대를 안심시켜야 한다. 우리는 흔히 급한 마음에 이 단계를 생략하고 넘어가는데, 그러면 기초 공사가 안 된 집처럼 관계가 금방 무너져버린다.

따라서 일단 동의할 부분을 지적한 후 자신의 생각을 말하도록 한다. 단정하지 말고 다음과 같이 말하는 것이 좋다. 이때 겸손은 상대의 반박 가능성을 약화시킨다.

'제 생각에는', '저는 이렇게 생각합니다', '죄송한 말씀이지만', '제가 어렵게 한 말씀 드리자면' 말고도 다음과 같이 '감히', '함부로', '외람된 말씀이지만' 등의 표현을 곁들일 수 있다.

"제가 감히 생각을 말씀드리자면, ~"

"함부로 얘기하는 건지 모르겠습니다만, ~"

"외람된 말씀이지만, ~"

둘째, 합목적성을 추구(본질 회귀)하라.

그다음, 본래의 목적을 상기시킨다. 우리가 이 일을 왜 하는가를 이야기하고, 상대방뿐 아니라 나 또한 그러한 목적을 달성하려고 노력한다는 점을 언급한다. 따라서 우리 둘 사이에 아무런 이견이 없음을 강조한다. 이렇게 본질적인 문제에 프레임을 맞추게 되면 사실 상대방과 나의 의견 차이가 보이지 않게 된다. 이렇게 되면 상대방이 내게 가졌던 경계심이 사라지고 나에 대해 품었던 의구심이 옅어진다.

셋째, 상대의 신념과 가치에 맞춘 프레임을 제시하라.

내 주장을 내 신념에 따라 설명하는 방식을 버리고, 상대방의 신념과 가치관에 맞추어 설명한다. 만일 상대의 신념과 가치관이 분명히 보이지 않거나 확신할 수 없을 땐 보편적인 가치관에 의지해 설명을 시도한다. 그리고 필요할 때엔 상대를 이렇게 깨우쳐준다. "지금 당신의 생각은 당신의 가치관과 원칙에도 안 맞다. 안 그런가?"

넷째, 조력 의지를 표명하라.

"내 말은 당신을 위한 것이다!" 바로 그 점을 지적한다. 나는 어디까지나 당신을 도와주려는 입장이고 나는 당신 편이라는 점을 강조하는 것. 의견이 대립하면 상대는 나를 적으로 혹은 자기 이익을 해치는 사람으로 간주한다. 따라서 이런 생각을 사라지게 하거나 이 같은 사고가 형성되지 않도록 해야 한다. 이를 위해 나는 오히려 그의 조력자임을 알리도록 노력한다. '내가 이런 이야기를 하는 건 당신을 위한 것'이라는 생각을 불어넣어주어야 한다. 만일 여러 당사자들이 얽혀 있는 상황이라면 더욱 내가 그의 편이라는 점을 강조해야 할 것이다.

다섯째, 상대의 결정권을 존중하라.

마지막으로 결정은 상대 스스로 해야 한다는 점을 알린다. 즉 결정권은 상대에게 있고 나는 다만 그를 위해 의견을 제시한다는 점, 나는 충고할 뿐이라는 점을 지적한다. 상대는 내가 내 생각을 강요하거나 강권하고 있다고 생각하기 쉽기 때문에, 그런 생각을 불식시키는 것이 꼭 필요하다.

이상의 원칙들은 하나하나 살펴보면 대수롭지 않게 보일 수 있다. 하지만 각각의 원칙을 유기적으로 구성하여 모두 지켰을 때는 큰 힘이 발휘될 수 있다. 무엇보다 이를 염두에 두고 실천에 옮기는 것이 중요하다.

가장 좋은 언어는?

*

언어를 잘 구사하는 것도 중요하지만 이를 깨닫는 일이 더욱 중요하다. 후자가 전자의 전제를 이루기 때문이다.

프레임과 관점의 중요성, 그리고 이들과 언어의 관계를 이해하는 것이 꼭 필요하다. 이 책에서 우리는 언어 사용의 여러 가지 전략을 알아보았다. 한 시대를 풍미한 PD였던 아주대의 주철환 교수는 이렇게 말했다. "말 한마디가 축복이 되기도, 보복이 되기도 한다." 왜냐하면 나의 말이 바뀌면 상대의 마음이 바뀌기 때문이다. 그렇다면 어떻게 나의 말을 바꿀 수 있을까? 그것은 나의 마음을 바꾸었을 때 가능하다. 마음이 바뀌어야 말도 바뀐다는 얘기다.

미국 메릴랜드대의 스티븐 코언Steven Cohen 교수는 이렇게 단정한다. "아무리 화려한 수사를 동원하더라도 자신이 중요하다고 절감하지 않는 것을 타인에게 설득하는 것은 불가능하다." 결국은 언어의 문제가 아니라 마음의 문제인 것이다.

가장 좋은 언어는 좋은 마음이 담겨 있는 언어다. 상대의 좋은 표현 하나에 말할 수 없는 고마움을 느끼기도 한다. 표현 하나가 영영 잊히지 않기도 한다.

앞서 본문에서 사람들은 추상적인 언어보다 구체적인 언어를 선호한다고 했다. 예를 들어 감사한 마음을 표현할 때는 단지 감사하다는 말만 할 것이 아니라 감사의 이유를 함께 표현하는 것이다. 그렇다면 그런 표현을 어떻게 할 것인가? 다음과 같이 내 마음에 대해 생각해보는 것이다.

상대에게 고마움을 전하고자 할 때 나의 진심을 생각해본다. 예컨대 상대가 내게 베풀어준 도움이 없었다면 어떻게 되었을까, 하고 생각해보는 것이다. 아마 내가 어려움을 겪었을 것임을 깨달을 것이다.

바로 그걸 표현하는 것이다. "선생님이 아니었으면 저는 엄청 힘들었을 거예요." 혹은 곰곰 생각해보니 결국 상대의 도움으로 인해 내가 덕을 봤다고 하자. 그렇다면 바로 그걸 표현하는 것이다. "선생님이 그렇게 해주셔서 제가 큰 덕을 보았어요." 그저 고맙다는 단순한 표현과 비교할 때 큰 차이가 있음을 알 수 있다. 비록 상대에게 전해지는 내용, 즉 고마움의 전달은 동일하지만, 표현의 차이로 인해 그 내용의 진정성은 더 깊어진다.

반대로 상대가 내게 감사를 표현했을 때 내가 할 수 있는 말을 생각해보자. 대개는 이렇게 대응한다. "아니 뭘요." "천만에요." 사실 우리나라 사람들은 말로 표현하지도 않고, 괜찮다는 표정만 짓는 경우가 더 많다. 물론 그렇게 해도 그리 엄청난 도움은 아니라는 겸손의 의미는 전달된다.

그러나 이 경우도 좀 더 깊이 생각해보라. 내가 상대를 도와준 이유가 뭘까? 상대를 도와주고 싶었으니까. 그렇다면 왜 도와주고 싶었을까? 그게 당연하니까. 또는 내가 상대를 좋아하니까. 더 나아가 상대를 도와주는 것이 내게 좋으니까. 그것이 내게 이익이 되니까.

그렇다면 이런 나의 생각을 표현해주자. "별것 아닌 걸요. 당연한 건데요 뭘. 그냥 도와드리고 싶었어요. 저한테도 그동안 도움 많이 주셨잖아요. 그렇게 하는 게 제 마음이 편해서 그랬을 뿐이에요. 그러니까 저를 위한 일이었어요." 아무 말도 안 하거나 그냥 "아니 뭘요"라고 하는 것과 비교해보면 큰 차이가 느껴질 것이다.

'당신이 먹는 것이 곧 당신이다You are what you eat!'라는 슬로건이 있는데, 음식이 사람의 마음과 건강에 심대한 영향을 끼친다는 의미를 담고 있다. 이 말은 본래 1826년 프랑스의 브리야–사바랭Anthelme Brillat-Savarin이 말한 '당신이 먹는 음식을 알려주면 당신이 누구인지 말해주겠다Dis-moi ce que tu manges, je te dirai ce que tu es. 영어 번역Tell me what you eat and I will tell you what you are'에서 비롯되었다. [33]

나는 이 표현을 '당신이 말하는 것이 곧 당신이다You are what you say!'라고 바꾸고 싶다. 당신의 언어를 들으면 당신이 누구인지 알 수 있기 때문이다. 언어를 바꾸고 생각을 바꿈으로써 비로소 자신을 바꿀 수 있다.

아무쪼록 이 책이 여러분의 생각과 언어와 마음에 조금이라도 새로운 변화를 일으켰다면 더 바랄 나위가 없겠다. 그리고 좀 더 인문학 공부에 가까이 다가가는 계기가 되었으면, 하는 작은 바람도 함께 가져본다.

1) Rubin(1970)에서 '태도'는 '사람, 대상 및 범주 등에 대한 신념, 감정 및 행동의 조합'(Kalat et al 2007, ≪정서심리학≫ '민경환 외 역 2007, p.244' 에서 재인용)을 말하고, Myers(2002, 신현정 외 역 2008, p.891)는 '대상과 사람 그리고 사건에 대해 특정한 방식으로 반응하도록 만드는 신념에 근거한 감정'이라고 했다.

2) 이의 순서에 관한 연구 분야를 근접학(proxemics)이라 한다.

3) 영국의 인지 언어학자 앨런 크루즈(Alan Cruse)의 용어. (cf. Cruse 2000, p.111). 루마니아의 언어학자 코세리우(Eugenio Coşeriu)는 이를 중화(neutralisation)로 설명한다. (cf. Coseriu, 1995, pp.116~117) F. Van Der Gucht의 용어로는 duosemy이다. (cf. Fieke Van Der Gucht 2005, pp.166~167)

4) 동영상 : https://www.youtube.com/watch?v=sh163n1IJ4M

5) 레이코프 저 · 유나영 역, ≪코끼리는 생각하지 마≫, 삼인, 2006, p.24.

6) 동영상 : https://www.youtube.com/watch?v=HnXmTNF2LXU

7) Boas, Franz. 1911. Handbook of American Indian languages. pp.25~26.

8) 논리학에서 '대머리의 역설(Sorites paradox)'이라 부르는 것이 있는데, 두 대상의 경계를 확정할 수 없을 때 제기되는 문제를 일컫는다.

9) 언어상대론의 입장에 대해 심리학자 스티븐 핑커(Steven Pinker)와 같은 학자들은 비판적인 입장을 취한다. 하지만 여기에서는 언어가 곧 사고라는 주장이 아니며 언어가 화자의 생각들을 결정한다는 것도 아니다. 다만 앞서 밝힌 바대로, 상이한 민족들이 세계를 인식하는 양식이 다르고 사고방식이 다른 원인은 바로 언어에 있다는, 즉 언어구조가 문화구조

를 결정한다는 것이다.

(박만규 「국어 사랑학 개론」, 〈상상〉, 1995년 가을호[통권 제9호], 살림)

10) https://en.wikipedia.org/wiki/DIKW_pyramid

11) 고무지우개는 잉글랜드의 수학기구 제조업자 에드워드 내린 (Edward Nairine)에 의해 발명되었다.

12) Fritz, Robert, The Path of Least Resistance, W. Butterworth-Heinemann, 1994.

13) 오리-토끼 그림은 1892년 10월 23일 독일의 유머 잡지 〈Fliegende Blätter〉에 처음 게재되었다. 이후 철학자 비트겐슈타인(Ludwig Wittgenstein)이 그의 명저 ≪철학적 탐구(Philosophical Investigations)≫에 인용함으로써 유명해졌다.

14) EBS 다큐프라임 킹메이커 2부 중도파의 비밀 - 중도파를 포섭하는 법 3/3 (세상은 시스템)

https://m.blog.naver.com/PostView.nhn?blogId=odisy2000&logNo=220628210005&proxyReferer=https%3A%2F%2Fwww.google.co.kr%2F

15) Pustejovsky 생성의미론의 기능역(telic role)에 해당한다.

16) 이처럼 일상생활에서 자주 접하는 물건을 고정관념에 따라서만 사용하게 만드는 인지적 장애를 심리학에서는 기능적 고착(functional fixedness)이라고 일컫는다. 마이어의 원실험에 관해서는 다음을 참조한다.

Maier, N.R.F. (1931). Reasoning in humans: II. The solution of a problem and its appearance in consciousness. Journal of Comparative Psychology, 12, pp.181~194.

17) 올리비에 르불(Olivier Reboul) 저, 홍재성 · 권오룡 역, ≪언어와 이데올로기≫, 역사비평사, 1995, p.46.

18) 여기에 나온 예들은 대부분 올리비에 르불의 『언어와 이데올로기』 1장에 제시된 것을 인용했다.

19) 조지 레이코프 저 · 유나영 역, ≪코끼리는 생각하지 마≫, 와이즈베리, 2015, p.115.

20) 조지 레이코프 저 · 유나영 역, ≪코끼리는 생각하지 마≫, 와이즈베리, 2015, pp.26, 39.

21) 베블런이 1899년 펴낸 ≪유한 계급의 이론(The theory of leisure class)≫.

22) 불안한 마음이나 불길한 징조에 대해 합리적인 설명을 하기 위해 스스로 형성한 고정관념을 '징크스'라 부른다.

23) 자세한 내용은 김봉철 저, ≪영원한 문화도시 아테네≫, 청년사, pp.46~49 참조.

24) 조반니 프라체토 저 · 이현주 역, ≪감정의 재발견≫, 프런티어, p.37.

25) 올리비에 르불은 이를 기호의 자의적 사용으로 인한 이중적 메타언어의 이용이라고 불렀다.

26) 박만규 「국어 사랑학 개론」, 〈상상〉, 1995년 가을호(통권 제9호), 살림.

27) 이윤일, ≪논리로 생각하기 논리로 말하기≫, 씨엘, 1999, pp.251~252.

28) 이윤일, ≪논리로 생각하기 논리로 말하기≫, 씨엘, 1999, pp.180~190

29) 스티븐 핑커 저, 김한영 · 문미선 · 신효식 역, ≪언어본능≫, 동녘사이언스, 2004, p.84

30) 올리비에 르불 저, 홍재성 · 권오룡 역, ≪언어와 이데올로기≫, 역사비평사, 1995, pp.34~35

31) 환유란 가리키는 대상이 시간상이나 공간상으로 인접한 다른 대상으로

표현하는 수사법을 말한다. 예를 들어 미국 정부를 워싱턴으로 부르거나, 노란 셔츠 입은 사람을 가리켜 '노란셔츠가 널 보고 있어'처럼 말하는 것이다. 부분으로 전체를, 전체로 부분을 나타내는 수사법인 제유도 현대 언어학에서는 환유의 일종으로 본다.

32) 레이코프 저, 유나영 역, ≪코끼리는 생각하지 마≫, 삼인, 2006, pp.24~25.

33) Anthelme Brillat-Savarin, Physiologie du Gout, ou Meditations de Gastronomie Transcendante, 1826.

| 참고문헌 |

김봉철, ≪영원한 문화도시 아테네≫, 청년사, 2002.

박만규 : 국어 사랑학 개론, 〈상상〉, 1995년 가을호(통권 제9호), 살림.

이윤일, ≪논리로 생각하기 논리로 말하기≫, 씨엘, 1999.

최인철, ≪나를 바꾸는 심리학의 지혜, 프레임≫, 21세기북스, 2007.

라르스 스벤젠 저, 도승연 역, ≪패션:철학≫, MID, 2013.

올리비에 르불(Olivier Reboul) 저, 홍재성·권오룡 역, ≪언어와 이데올로기≫, 역사
비평사, 1955.

Boas, Franz, 1911. *Handbook of American Indian languages.*

illmore, Charles, *"Frame semantics" in Linguistics in the Morning Calm.* Seoul, Hanshin
Publishing Co. 1982, pp.111~137.

Kalat, James W, Shiota, Michelle N, (민경환, 이옥경, 김지현 공역), ≪정서심리학≫,
시그마프레스, 2007.

Kaufman, James C, & Sternberg, Robert J, *The Cambridge Handbook of Creativity,*
Cambridge University Press, 2010.

Lakoff, George, *Don't think of an elephant! Know Your Values and Frame the Debate,*
Chelsea Green Publishing Company, 2004. (레이코프 저, 유나영 역, ≪코끼리는 생
각하지 마≫, 삼인, 2006)

Lakoff, George, *Thinking Points : Communicating Our American Values and Vision,*
George Lakoff and the Rockridge Institute, 2006.(레이코프 저, 나익주 역, ≪프레임
전쟁≫, 창비, 2007)

Myers, David G, DeWall, C, Nathan, 신현정·김비아 공역, ≪마이어스의 심리학≫, 시
그마프레스, 2008.

Pinker, Steven, *The Language Instinct,* Harper Perennial, 1995. (스티븐 핑커 저, 김한
영·문미선·신효식 역, ≪언어본능≫, 동녘사이언스, 2004)

Thomas and Morwitz, 2005, "Penny Wise and Pound Foolish: The Left-digit Effect in
Price Cognition". *Journal of Consumer Research* 32 (1): 55~64.

설득언어

– 상대의 마음을 사로잡는 프레임 대화법

초판 1쇄 인쇄 2019년 1월 15일
초판 1쇄 발행 2019년 1월 23일

지은이   박만규
펴낸이   권기대
펴낸곳   도서출판 베가북스
총괄이사   배혜진
편 집   문헌정
마케팅   황명석, 박진우

출판등록 2004년 9월 22일 제2015-000046호

주소 (07269) 서울특별시 영등포구 양산로 3길 9, 201호 (양평동 3가)
주문 및 문의 (02)322-7241 팩스 (02)322-7242

ISBN 979-11-86137-89-5 (03320)

홈페이지 www.vegabooks.co.kr
블로그 http://blog.naver.com/vegabooks.do
트위터 @VegaBooksCo 인스타그램 vegabooks 이메일 vegabooks@naver.com